SABORES DO
WHISKY

SABORES DO WHISKY

UM NOVO JEITO DE **PENSAR** – E **BEBER** – WHISKY

EDDIE LUDLOW

GLOBOLIVROS

GLOBOLIVROS

Editor Sênior Ian Fitzgerald
Designer Sênior Saffron Stocker
Designers Simon Murrell, David Ball
Assistente de Design Sophie State
Ilustrador de mapa Arunas Kacinskas
Pesquisadores de imagens Nic Dean, Sarah Hopper
Assistente editorial Kiron Gill
Capista Sênior Nicola Powling
Coordenador de capas Lucy Philpott
Editor-Chefe Dawn Henderson
Editor de Arte-Chefe Marianne Markham
Produtor Sênior e pré-produção Tony Phipps
Produtor Luca Bazzoli
Diretor de Arte Maxine Pedliham
Diretor editorial Mary-Clare Jerram

Publicado pela primeira vez na Grã-Bretanha em 2019 pela
Dorling Kindersley Limited
DK, 20 Vauxhall Bridge Road, London, SW1V 2SA.

A representante autorizada na AEE é a
Dorling Kindersley Verlag GmbH. Arnulfstr. 124,
80636 Monique, Alemanha

Copyright © 2019 Dorling Kindersley Limited
Uma empresa da Penguin Random House
15 14 13 12 11
031–310645–Oct/2019

Copyright 2025 © Editora Globo S/A

Todos os direitos reservados. Nenhuma parte desta edição pode ser utilizada ou reproduzida – em qualquer meio ou forma, seja mecânico ou eletrônico, fotocópia, gravação etc. – nem apropriada ou estocada em sistema de banco de dados sem a expressa autorização da editora.

1ª edição, 2025

www.dk.com
www.globolivros.com.br

Editor Responsável Guilherme Samora
Editor-Assistente Renan Castro
Tradução Cristina Yamagami
Consultoria Técnica João Marcos dos Santos
Preparação de Texto Fernanda Marão
Diagramação Bianca Teodoro
Revisão Vivian Sbravatti

CIP-BRASIL. CATALOGAÇÃO NA PUBLICAÇÃO
SINDICATO NACIONAL DOS EDITORES DE LIVROS, RJ

L975s

Ludlow, Eddie
  Sabores do whisky : um novo jeito de pensar : e beber : whisky / Eddie Ludlow ; tradução Cristina Yamagami. - 1. ed. - Rio de Janeiro : Globo Livros, 2025.
  224 p.   (Sabores)

Tradução de: Whisky : a tasting course
Inclui índice
ISBN 978-65-5987-252-7

1. Uísque - Degustação. I. Yamagami, Cristina. II. Título. III. Série.

25-98042.0	CDD: 641.252
	CDU: 641.87:663.551.5:663.43

Meri Gleice Rodrigues de Souza - Bibliotecária - CRB-7/6439

09/05/2025   16/05/2025

Impressão e acabamento: IPSIS
São Paulo, junho de 2025.

SUMÁRIO

PREFÁCIO..8

CAPÍTULO 1: O QUE É WHISKY? 10
POR QUE DEGUSTAR WHISKY?.......................................12
A HISTÓRIA DO WHISKY...14
O QUE O WHISKY TEM DE ESPECIAL?............................16
DOS CEREAIS AO WHISKY...18
COMO O WHISKY É FEITO..20
MATURAÇÃO DO WHISKY..22

CAPÍTULO 2: COMO DEGUSTAR 24
DICAS DE DEGUSTAÇÃO...26
COMECE A DEGUSTAR...28
O BE-A-BÁ DO WHISKY..30
A HISTÓRIA POR TRÁS DE… WHISKY E ÁGUA.............32
A APARÊNCIA DO WHISKY..34
DEGUSTAÇÃO 1: APRECIE COM OS OLHOS......36
DETECTANDO OS AROMAS DO WHISKY....................38
DEGUSTAÇÃO 2: APRECIE COM O NARIZ 40
OS PRINCIPAIS SABORES DO WHISKY..........................42
DEGUSTAÇÃO 3: APRECIE COM A LÍNGUA 44
CORPO E FINAL DE BOCA..46
DEGUSTAÇÃO 4: APRECIE O CORPO E O FINAL..48

CAPÍTULO 3: APRECIE O ESTILO................. 50
WHISKYS AO ESTILO ESCOCÊS.....................................52
O QUE É UM WHISKY SINGLE MALT? 54
DEGUSTAÇÃO 5: SINGLE MALTS ESCOCESES..... 56
O QUE É WHISKY SINGLE GRAIN?...............................58

O QUE É BLEND ESCOCÊS?...60
O QUE É BLENDED MALT WHISKY?............................62
A HISTÓRIA POR TRÁS DE… CRIANDO SEUS PRÓPRIOS BLENDS..64
DEGUSTAÇÃO 6: WHISKYS ESCOCESES............. 66
WHISKYS IRLANDESES...68
O QUE É WHISKY IRLANDÊS? 70
DEGUSTAÇÃO 7: WHISKYS IRLANDESES "TRADICIONAIS"..72
WHISKYS NORTE-AMERICANOS................................74
O QUE É WHISKY "NORTE-AMERICANO?................76
O QUE É WHISKY DE MILHO?......................................78
O QUE É BOURBON?..80
A HISTÓRIA POR TRÁS DE… BARRIS.........................82
DEGUSTAÇÃO 8: BOURBONS 84
O QUE É WHISKY DE CENTEIO?...................................86
DEGUSTAÇÃO 9: WHISKYS DE CENTEIO 88

WHISKY DE CENTEIO NO CANADÁ E NA EUROPA..........90
O QUE É WHISKY DE TRIGO?..........92
A HISTÓRIA POR TRÁS DE… O MOVIMENTO DO WHISKY ARTESANAL..........94
DEGUSTAÇÃO 10: PRINCIPAIS ESTILOS DOS ESTADOS UNIDOS..........96

CAPÍTULO 4: APRECIE O LOCAL..........98
ESCÓCIA..........100
LOWLANDS..........102
HIGHLANDS & ILHAS ESCOCESAS..........104
A HISTÓRIA POR TRÁS DE…TURFA E WHISKY....106
DEGUSTAÇÃO 11: WHISKYS TURFADOS..........108
ISLAY..........110
CAMPBELTOWN..........112
SPEYSIDE..........114

DEGUSTAÇÃO 12: SINGLE MALTS DAS HIGHLANDS..........116
A HISTÓRIA POR TRÁS DE… TIPOS DE ALAMBIQUE..........118
IRLANDA..........120
IRLANDA..........122
A HISTÓRIA POR TRÁS DE… O RENASCIMENTO DO WHISKY NA IRLANDA..........124
DEGUSTAÇÃO 13: WHISKYS IRLANDESES "MODERNOS"..........126
AMÉRICA DO NORTE..........128
KENTUCKY..........130
TENNESSEE..........132
OESTE DOS ESTADOS UNIDOS..........134
CENTRO DOS ESTADOS UNIDOS..........136
LESTE DOS ESTADOS UNIDOS..........138
DEGUSTAÇÃO 14: WHISKYS ARTESANAIS REGIONAIS DOS ESTADOS UNIDOS..........140
CANADÁ..........142
A HISTÓRIA POR TRÁS DE… MICRODESTILARIAS..........144
ÁSIA..........146
JAPÃO..........148
DEGUSTAÇÃO 15: WHISKYS JAPONESES..........150
A HISTÓRIA POR TRÁS DE… A ASCENSÃO DO WHISKY JAPONÊS..........152
ÍNDIA..........154
TAIWAN..........156
DEGUSTAÇÃO 16: WHISKYS ASIÁTICOS..........158
HEMISFÉRIO SUL..........160

TASMÂNIA	162
AUSTRALÁSIA	164
ÁFRICA DO SUL	166
DEGUSTAÇÃO 17: WHISKYS DO HEMISFÉRIO SUL	**168**
EUROPA	170
INGLATERRA E PAÍS DE GALES	172
DEGUSTAÇÃO 18: WHISKYS INGLESES E GALESES	**174**
NORTE DA EUROPA	176
EUROPA OCIDENTAL	178
EUROPA ALPINA	180
DEGUSTAÇÃO 19: WHISKYS DA EUROPA CONTINENTAL	**182**

CAPÍTULO 5: TOQUES FINAIS	**184**
ONDE BEBER	186
A HISTÓRIA POR TRÁS DE… ENGARRAFADORAS INDEPENDENTES	188
QUAL É A IDADE "IDEAL" DO WHISKY?	190
QUANTO DEVO PAGAR PELO WHISKY?	192
WHISKY E TEMPERATURA	194
COMO GUARDAR O WHISKY?	196
ADICIONANDO MIXERS	198
QUAL WHISKY E QUANDO?	200
DEGUSTAÇÃO 20: ENVELHECIMENTO DE SINGLE MALTS	**202**
COQUETÉIS CLÁSSICOS DE WHISKY	204
COQUETÉIS DE WHISKY MAIS LEVES	206
WHISKY E COMIDA	208
WHISKY E CHOCOLATE	210
GLOSSÁRIO	212
ÍNDICE REMISSIVO	216
CRÉDITOS DAS IMAGENS	222
SOBRE O AUTOR / AGRADECIMENTOS	224

PREFÁCIO

COMO É COMUM ACONTECER, eu era jovem demais quando provei whisky pela primeira vez. Como seria de esperar, eu não gostei.

Só voltei ao destilado quando entrei na indústria de bebidas, como assistente de vendas da Oddbins, uma rede de lojas de bebidas do Reino Unido, na unidade de Newcastle. Eu não tinha experiência alguma no setor de bebidas, a não ser um bico em um pub de cerveja artesanal um ano antes. Foi assim que tudo começou. Encontrei um lugar maravilhoso com pessoas apaixonadas pelas bebidas que vendiam. Fui contagiado pelo entusiasmo de todos e, quando me dei conta, estava conduzindo degustações de vinho e whisky para clientes. Mas foi o whisky que conquistou meu coração. Depois de algumas visitas à Escócia, eu estava perdidamente apaixonado.

Uma breve incursão como embaixador das marcas de whisky Glenmorangie e Ardbeg me colocou em contato direto com alguns dos principais produtores de whisky do setor. Ali fiz amizades duradouras. Muitas vezes regadas a whisky…

Com isso percebi que tinha vontade de falar sobre *todos* os bons whiskys, não apenas os de algumas marcas. Assim, em 2008, eu e minha esposa, Amanda, criamos o The Whisky Lounge depois de tomar a decisão assustadora de deixar um emprego fixo.

No começo, o The Whisky Lounge era só eu, dirigindo meu carro velho pelo país e pregando a palavra do whisky para os curiosos; grupos pequenos de dez pessoas em Londres, ou doze em Brighton. Mas tudo bem. Era a minha paixão. Levou uma eternidade para estabelecer o negócio, até que a Amanda pudesse trabalhar comigo, mas conseguimos. O mundo precisava (e precisa) saber mais sobre o whisky e nossa parte era compartilhar o que sabíamos.

Espero que este livro ajude o leitor a se apaixonar pelo whisky também. Não sou cientista nem conhecedor dos segredos ocultos de como fazer whiskys mágicos. Até aprendi algumas coisas nas minhas incursões pelo mundo do whisky, mas o objetivo deste livro é outro. Ele conta o que eu faço no dia a dia e revela o que o whisky realmente é: degustação. Todo o resto se baseia nisso, e é o que constitui o coração e a alma deste livro. Espero que você goste.

CAPÍTULO 1

O QUE É WHISKY?

EIS A GRANDE QUESTÃO, e tentar respondê-la revela a rica variedade e a complexidade quase infinita dessa bebida cheia de personalidade. Neste capítulo, veremos alguns dos pontos mais importantes: por que degustar o whisky, a "história" do whisky, por que o whisky é tão respeitado e como é feito. Em um livro dedicado a apreciar ao máximo essa bebida tão fascinante, faz sentido saber o que realmente é o whisky para iniciar sua jornada de degustação.

▲ **Tantas opções.** São centenas de marcas e uma variedade de estilos. Vai levar tempo para encontrar o "seu" whisky ou whiskys preferidos.

POR QUE DEGUSTAR WHISKY?

Pode parecer óbvio, mas a melhor maneira de descobrir o whisky é degustando. Não bebendo. *Degustando*. São duas coisas diferentes e espero que você descubra a diferença com a ajuda deste livro.

O whisky é uma das bebidas destiladas mais populares do mundo, mas, assim como seu sabor, conhecê-lo pode parecer complexo demais, até confuso.

Só a quantidade de destilarias na Escócia, Irlanda, Estados Unidos e Canadá intimidaria qualquer um. Acrescente a isso alguns parentes recém-chegados, como Japão, Suécia, Taiwan e Austrália, e o mundo do whisky pode parecer enorme. Por onde começar a entender um assunto tão vasto? Quais os pontos principais para prestar atenção?

DOMINANDO O BÁSICO

Na nossa abordagem, o segredo é dominar a degustação do whisky. Degustar é muito mais que servir uma dose e tomar um gole. Sim, você vai tomar whisky, mas aprenderá as melhores maneiras de identificar e interpretar os diversos sabores e estilos. Ao dominar a degustação, você saberá responder a perguntas como:

- Por que este whisky tem este sabor?
- Se eu gostei deste whisky, quais outros eu gostaria de experimentar?
- Como usufruir ao máximo os whiskys que eu compro?
- Como descrever o sabor?

SÃO TODOS DIFERENTES

A degustação é uma experiência pessoal, e é justamente por isso que é tão interessante.

Os sabores que você sente podem não ser os mesmos para a pessoa ao seu lado, degustando o mesmo whisky. Por isso também é interessante aprender a "linguagem" da degustação. À medida que ganha confiança, seu paladar se desenvolve e seu vocabulário sobre o whisky aumenta, você poderá se expressar melhor sobre sua experiência de degustação.

A apreciação do whisky começa quando você aprende a degustá-lo. Tenha isso em mente e não haverá erro.

▶ **Para apreciar.** Você pode adicionar água, gelo, mixers ou degustá-lo puro. Lembrando que o whisky foi feito para beber com moderação.

20 DEGUSTAÇÕES PARA COMEÇAR

▲ **Ao final da leitura deste livro,** você será um fã de whisky – ou pelo menos um degustador confiante capaz de tomar boas decisões.

A essência deste livro é uma série de 20 degustações pensadas para mostrar a variedade de whiskys do mundo.

Em cada degustação você encontrará:

- Uma exploração guiada de quatro whiskys.
- Detalhes dos whiskys envolvidos e dicas para guiar sua atenção.
- Um resumo sobre as principais lições da degustação.
- Guias de estilo para escolher outros whiskys que você pode gostar.
- Mapas de sabor para ajudar a identificar as características dos whiskys.
- Sugestões de whiskys alternativos.

O foco é sempre no sabor: qual é, como identificá-lo e por que dominar o sabor significa dominar o whisky.

A HISTÓRIA DO WHISKY

Nunca paramos para pensar que o whisky nem sempre existiu. Sua história vai além das brumas da Escócia e remonta às brumas do tempo.

Muitos acreditam que o whisky foi "inventado" na Escócia ou na Irlanda. Mas suas verdadeiras origens estão em outro lugar.

RAÍZES ORIENTAIS?

Tudo começou com o alquimista muçulmano Abu Musa Jabir ibn Hayyan, que produziu um líquido chamado de *aqua vitae*: "a água da vida".

Obras árabes como as de Jabir foram traduzidas para o latim por monges europeus. A primeira menção a um líquido similar ao whisky na Escócia data de 1494, quando os registros do tesouro do Rei Jaime IV documentaram o frade John Cor recebendo "oito sacas de malte para fazer *aqua vitae*" em uma abadia.

EVOLUÇÃO DAS ESPÉCIES

O "whisky" da época era muito diferente do produzido hoje. Era mais como um licor de whisky, ao qual adicionava-se ingredientes locais como urze, lavanda e mel para ser mais palatável. Esse estilo prevaleceu até o advento da destilação comercial no fim do século XVIII na Escócia e Irlanda.

O WHISKY VAI PARA O OCIDENTE

A alguns milhares de quilômetros, os colonos dos Estados Unidos e do Canadá – imigrantes da Irlanda, Escócia, Alemanha e Holanda, entre outros – criaram diferentes técnicas de destilação em seu novo lar. No final dos anos 1700, no Kentucky, Estados Unidos, foi desenvolvido o bourbon, feito de milho, enquanto mais ao norte o centeio era usado para produzir bebidas destiladas.

A história da disseminação do whisky teve muitas reviravoltas – e altos e baixos –, até chegar a ser uma bebida conhecida no mundo todo.

A PRIMEIRA MENÇÃO A UM LÍQUIDO SEMELHANTE AO WHISKY NA ESCÓCIA DATA DE 1494

A LINHA DO TEMPO DO WHISKY

1506
Jaime IV da Escócia compra um grande volume de whisky da Guilda dos Barbeiros-Cirurgiões de Dundee

1608
A propriedade que abriga a destilaria Bushmills recebe uma licença

1920–33
Lei Seca nos Estados Unidos

1935
O governo dos Estados Unidos decreta que todo bourbon deve ser envelhecido em barris de carvalho novos; os produtores de whisky escoceses se beneficiam ao usar barris ex-bourbon para maturar seu produto

A HISTÓRIA DO WHISKY

C. 2000 A.C.
A arte da destilação começa na antiga Mesopotâmia

C. 200 D.C.
Primeiro registro escrito da destilação, por Alexandre de Afrodísias

C. 750 D.C.
Abu Musa Jabir aperfeiçoa o alambique

1494
Primeira menção de um destilado parecido com o whisky em registros escoceses

1000–1200
A destilação começa na Escócia e Irlanda

1725
Impostos sobre o malte quase acabam com a indústria de whisky escocesa. Muitas destilarias abrem ilegalmente à noite, produzindo "moonshine"

FINAL DOS ANOS 1700
Começa a produção de bourbon no Kentucky (EUA)

1820
O whisky Johnnie Walker é lançado

1823
O governo legaliza a destilação na Escócia

1880
A produção mundial de vinho é dizimada por um surto de filoxera e as vendas de whisky disparam

1850
O primeiro blended whisky é lançado por Andrew Usher

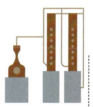

1831
Aeneas Coffey patenteia o "Coffey still"

1964
O Congresso norte-americano declara que o bourbon é a bebida destilada oficial dos Estados Unidos

1994
500º aniversário da produção de whisky escocês

2004
Inauguração do American Whiskey Trail (Trilha Americana do Whisky)

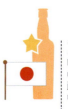

2015
Pela primeira vez, um whisky japonês é eleito o melhor do mundo

O QUE O WHISKY TEM DE ESPECIAL?

Sempre há alguma outra bebida tentando tomar a cobiçada posição do whisky nos destilados. O que o whisky está fazendo para ficar à frente? E para onde a produção de whisky poderá ir no futuro?

PROVENANCE

Todos os destilados escuros – conhaque, rum e armagnac – têm uma longa história, mas o whisky precede a todos. Enquanto o conhaque e o armagnac são produzidos apenas nas regiões que lhes dão nome, o whisky é produzido no mundo todo, em uma combinação infinita de processos e um número enorme de sabores.

Também contou com a sorte, ao passar de uma bebida popular nacional e regional a um fenômeno global.

APELO INTERNACIONAL

Já faz décadas que o whisky escocês vende mais do que qualquer outro

10 CANADÁ
1,19 litro. Exporta 70% de seu whisky para os Estados Unidos

07 REINO UNIDO
1,25 litro. Vendas de whisky dos Estados Unidos rivalizam com o whisky escocês

08 IRLANDA
1,24 litro. O whisky irlandês é a classe de destilados que mais cresce no mundo

03 ESTADOS UNIDOS
1,41 litro. O Jack Daniel's é o whisky mais popular do país

NO.7 TENNESSEE WHISKEY

01 FRANÇA
2,15 litros. Compra 200 milhões de garrafas por ano

02 URUGUAI
1,77 litro. O whisky mais vendido é o Dunbar, um blend nacional

05 ESPANHA
1,29 litro. Quase 75% das vendas são de whisky escocês

destilado escuro. Suas exportações são estáveis e valiosas, somando mais de £4 bilhões anuais. Adicione a isso as vendas anuais de whisky norte-americano, de cerca de US$3,5 bilhões, e terá uma ideia do mercado. O whisky escocês vende o dobro de seu rival mais próximo, o brandy (incluindo o conhaque e o armagnac).

SEMPRE POPULAR

Além disso, mais países estão produzindo whisky, muitos deles excelentes.

O whisky transcende modas e tendências. Apesar dos altos e baixos de sua história, manteve o merecido status de estrela. Também é adaptável. Na Espanha, é bebido com refrigerante de cola, no Japão, com água com gás e gelo, como um highball, e, no Reino Unido, puro ou com água.

Também cai bem em coquetéis, um desafio para os melhores mixologistas devido à complexa mistura de sabores.

INOVAÇÃO

Muitas destilarias e blenders de whisky, embora respeitem a tradição, a história e as regulamentações, estão estendendo os limites do que pode ser produzido. Como o whisky extrai grande parte de seu sabor do barril, essa é uma área de especial interesse para as destilarias.

É comum usar barris que foram de vinho, xerez e Porto para maturar o whisky, e alguns estão inovando. Um importante fabricante de whisky, por exemplo, usou barris de cerveja India Pale Ale (IPA) para envelhecer seu destilado.

Produtores artesanais e microdestilarias inovam ainda mais, experimentando com grãos, como arroz e trigo-sarraceno, para manter o whisky na vanguarda das bebidas destiladas.

◀ **WHISKY NO MUNDO**
Os dez principais países consumidores de whisky, com o consumo anual mostrado em litros por pessoa.

09 ÍNDIA
1,24 litro.
Consome metade do whisky do mundo
BRILLIANCE SINGLE MALT

06 EMIRADOS ÁRABES UNIDOS
1,27 litro.
Estado muçulmano, com 80% da população de expatriados

04 AUSTRÁLIA
1,3 litro.
O single malt e o bourbon são os favoritos do país

DOS CEREAIS AO WHISKY

Praticamente qualquer cereal pode ser transformado em álcool pela fermentação, mas cevada, milho, centeio e trigo são os mais utilizados para fazer whisky.

A ANATOMIA DE UM GRÃO

Todos os grãos de cereal são sementes com uma casca externa dura. Os produtores de whisky precisam perfurar a casca para atingir o endosperma, onde estão os carboidratos ricos em amido que são convertidos em açúcar e, depois, em álcool. Este processo foi desenvolvido ao longo de milênios, resultando em uma enorme variedade de cervejas e destilados – sendo que o whisky é considerado, por muitos, o ápice. Acredita-se que a arte de transformar cevada maltada em whisky foi aperfeiçoada na Escócia.

CEVADA

A cevada é utilizada na maioria dos whiskys devido a seus altos níveis de amido e, sobretudo, enzimas que facilitam o processo de fermentação.

CEVADA MALTADA

É o elemento "malte" dos whiskys de malte. A cevada é embebida em água, espalhada e deixada para germinar, rompendo as paredes celulares do grão e dando às enzimas acesso aos amidos.

NÃO MALTADA

A cevada não maltada, ou verde, não é germinada e os níveis de açúcar são mais baixos. É usada nos whiskys do tipo "single pot still" para obter sabores mais leves.

CLASSIFICAÇÃO NA PRODUÇÃO MUNDIAL 4

CLIMA A maioria das condições, exceto o frio

PREPARAÇÃO Germinada e depois seca a 55–60°C

PERFIL DE SABOR Cereais não maltados, especiarias, toffee tostado

AMARGO............................DOCE

▲ NÃO MALTADA   ▲ MALTADA

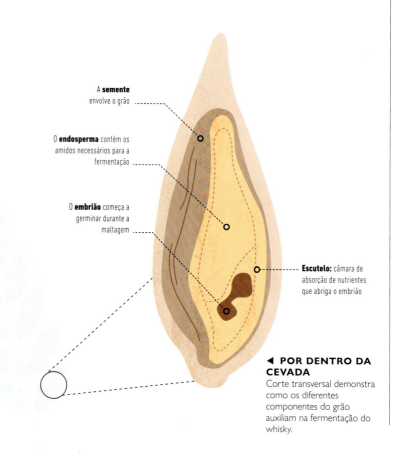

A **semente** envolve o grão

O **endosperma** contém os amidos necessários para a fermentação

O **embrião** começa a germinar durante a maltagem

Escutelo: câmara de absorção de nutrientes que abriga o embrião

◀ **POR DENTRO DA CEVADA**
Corte transversal demonstra como os diferentes componentes do grão auxiliam na fermentação do whisky.

DOS CEREAIS AO WHISKY

MILHO
O milho é a cultura mais produzida no mundo.

O milho é o ingrediente principal de muitos whiskys norte-americanos. Ao contrário da cevada, não possui enzimas, e os grãos são aquecidos em altas temperaturas para liberar o amido.

CLASSIFICAÇÃO NA PRODUÇÃO MUNDIAL 1

CLIMA Quente; vulnerável a geadas

PREPARAÇÃO Aquecido a 80–90°C antes da mosturação

PERFIL DE SABOR Baunilha e xarope de bordo

AMARGO..DOCE

CENTEIO
Esta cultura de gramíneas é da mesma família que o trigo e a cevada.

A maioria dos whiskys de centeio são da América do Norte, mas o grão está se popularizando no mundo. O centeio cresce com rapidez e amadurece mais rápido que a cevada. É resistente e requer pouca capina.

CLASSIFICAÇÃO NA PRODUÇÃO MUNDIAL 6

CLIMA Maioria das condições, incluindo o frio

PREPARAÇÃO Aquecido a 65–70°C antes da mosturação

PERFIL DE SABOR Seco, com um toque picante e notas de pimenta

AMARGO..DOCE

TRIGO
Básico no mundo todo, o trigo pertence ao gênero *Triticum*.

No Canadá, imigrantes usavam os grãos que sobravam da panificação para fazer whisky. O trigo está se popularizando entre os produtores artesanais dos Estados Unidos. Seu caráter discreto e leve é perfeito para o blending.

CLASSIFICAÇÃO NA PRODUÇÃO MUNDIAL 2

CLIMA A maioria das condições, exceto calor ou frio extremos

PREPARAÇÃO Aquecido a 65–70°C antes da mosturação

PERFIL DE SABOR Pão integral com mel

AMARGO..DOCE

A ASCENSÃO DOS "CRAFT GRAINS"

Alguns produtores estão se voltando a grãos menos populares, com diferentes perfis de sabor, para produzir whiskys diferenciados.

AVEIA
Antes comum em whiskys irlandeses, a aveia tem baixo teor de amido. Os grãos podem grudar uns nos outros no alambique, mas a textura cremosa e o aroma de nozes podem valer a pena.

SORGO
O sorgo está caindo no gosto dos produtores, sobretudo nos Estados Unidos, por ser agradável ao paladar. Alguns produtores usam xarope de sorgo, que é extraído do caule.

PAINÇO
O painço está se popularizando na fabricação de bourbons artesanais, e pelo menos uma destilaria norte-americana produz um whisky 100% feito de painço. É resistente e requer pouca rega para crescer.

ARROZ
Ingrediente dos novos whiskys do Japão e dos Estados Unidos, o sabor leve e sutil do arroz é popular entre os mais jovens e fãs de coquetéis. O whisky de arroz deriva do destilado japonês shochu.

COMO O WHISKY É FEITO

Todo whisky é feito basicamente da mesma maneira: destilando o álcool dos grãos. Esta explicação simplificada mostra como a cevada maltada e outros whiskys são produzidos.

PREPARAÇÃO DOS GRÃOS

- No whisky a base de cevada, os grãos são "maltados": imersos em água fria por vários dias para hidratar o endosperma, a fonte do amido.
- A cevada é germinada por até uma semana em um piso de maltagem ou caixa de germinação.
- As paredes celulares das sementes começam a se romper. Enzimas e amidos se desenvolvem para a conversão em açúcares fermentáveis.

Grãos de cevada espalhados no piso de maltagem

▲ **PISO DE MALTAGEM**
É usado apenas para a cevada. Milho, centeio e trigo não contém enzimas ativadas pela maceração. Os grãos são cozidos em altas temperaturas para amolecer as paredes celulares, preparando-os para a moagem.

MOAGEM

- A germinação da cevada é interrompida pela secagem ao ar ou em um forno (*kiln*).
- Depois de secos, todos os grãos — cevada, centeio, milho e trigo — são triturados, formando um "grist", para dar acesso aos amidos.

Os **grãos** são moídos em uma farinha fina

▲ **MOAGEM DOS GRÃOS**
O grist é a parte útil dos grãos triturados. A parte inutilizável é chamada de casca. Para grãos "mais duros", como milho, centeio e trigo, cevada maltada é adicionada ao grist para ajudar na fermentação.

MOSTURAÇÃO

- Água cada vez mais quente é despejada nos grãos triturados, em geral três vezes, para extrair os açúcares. A água permite que as enzimas concluam a conversão do amido em açúcares fermentáveis.
- O líquido quente e doce produzido é chamado de "mosto".

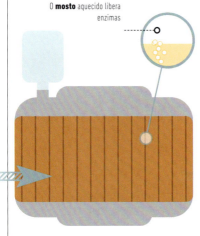

O **mosto** aquecido libera enzimas

▲ **REAÇÃO QUÍMICA**
A mistura do grist com água é adicionada a um recipiente conhecido como tanque de mosturação. O recipiente é isolado para manter o líquido em uma temperatura controlada.

4
FERMENTAÇÃO

- Levedura, normalmente na forma líquida, é adicionada ao mosto.
- A levedura converte os açúcares fermentáveis do mosto em calor, dióxido de carbono (CO_2) e álcool.
- Não são adicionados lúpulos ou outros aromatizantes.
- A fermentação ocorre ao longo de 48 a 100 horas, dependendo da destilaria.
- A cerveja resultante, ou "wash", em geral tem 7–9% de álcool por volume (ABV).

A **fermentação** começa quando a levedura é adicionada ao mosto

▲ **WASHBACK**
O washback, ou tanque de fermentação, é o recipiente onde a fermentação ocorre. O mosto e a levedura se combinam e reagem de forma volátil e espumosa, resultando em uma espuma similar à da cerveja, que deve ser removida.

5
DESTILAÇÃO

- Para o whisky de malte, o wash é bombeado para o "wash still" (primeiro alambique) e aquecido até ferver.
- O álcool evapora, subindo a um condensador para voltar à forma líquida ("low wines") com cerca de 25% ABV.
- Os low wines vão a um segundo alambique e o processo é repetido. O "corte médio" desse destilado se torna o destilado final.

O **líquido** vaporiza e condensa

▲ **ALAMBIQUE DE POTE**
Usado para whiskys escoceses e ao estilo escocês, produzem whisky em lotes: a cada vez que o alambique é enchido, ele produz um "lote". Nos alambiques de coluna, o líquido flui continuamente.

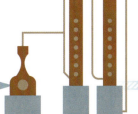

▲ **ALAMBIQUE DE COLUNA**
Os grain whiskies — feitos de milho, centeio ou trigo — são destilados em um alambique de coluna (Coffey still). Os whiskys bourbon e ao estilo bourbon usam alambiques de coluna padrão ou um tipo de alambique de coluna chamado doubler.

6
MATURAÇÃO

- Quase todos os whiskys do mundo são maturados em barris de carvalho.
- O tempo de maturação depende de vários fatores, incluindo leis locais e clima regional.

Os barris de whisky quase sempre são de carvalho

▲ **BARRIS USADOS**
Whiskys escoceses e ao estilo escocês são maturados em barris usados, incluindo os de vinho, xerez e Porto. Barris usados para bourbon também são populares.

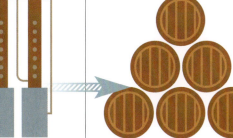

▲ **BARRIS NOVOS**
Pela lei dos Estados Unidos, os whiskys bourbon e ao estilo bourbon devem ser maturados em barris de carvalho novos e carbonizados. Não há um tempo mínimo de maturação. Outros estilos de whisky norte-americanos podem ser maturados em barris usados.

MATURAÇÃO DO WHISKY

Tirando alguns casos raros, o whisky só é whisky se for maturado em barris de carvalho. Mas por que maturar a bebida e por quanto tempo? Manter o whisky em barris faz uma enorme diferença.

O whisky não está pronto para ser bebido assim que é destilado. Chamado de "new make" ou "white dog", contém sabores pouco palatáveis que precisam ser removidos.

O processo de maturação dissipa esses elementos indesejados e desenvolve sabores mais atraentes.

PURO E SIMPLES

Enquanto matura, geralmente em barris de carvalho, o whisky também é "filtrado". A composição química do carvalho, os veios da madeira e a seiva sem gosto desagradável, lhe permitem remover impurezas e notas ácidas do whisky recém-destilado, impregnando-o com aromas e sabores. O tempo depende do quanto o barril já foi usado.

DESENVOLVIMENTO DO WHISKY

A cada ano que o whisky passa em um barril de carvalho, seu sabor se aprofunda e se desenvolve. Por exemplo, a maioria dos single malts escoceses fica em barril por 5 a 10 anos antes do engarrafamento, tempo suficiente para desenvolver muito sabor. O clima também faz diferença. Em regiões mais quentes, o whisky interage rapidamente com a madeira e matura rápido.

Em regiões úmidas, como a Escócia, mais álcool é perdido durante a maturação; em regiões de baixa umidade, como o Kentucky (EUA), a água evapora mais rápido e o teor alcoólico aumenta.

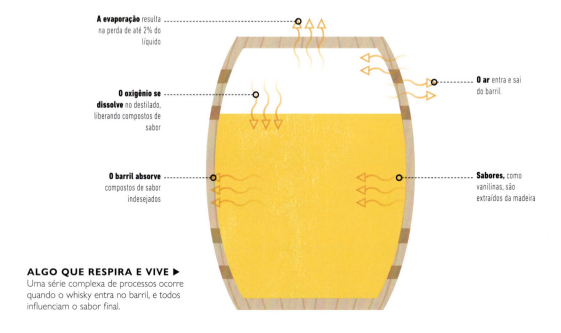

A evaporação resulta na perda de até 2% do líquido

O oxigênio se dissolve no destilado, liberando compostos de sabor

O barril absorve compostos de sabor indesejados

O ar entra e sai do barril

Sabores, como vanilinas, são extraídos da madeira

ALGO QUE RESPIRA E VIVE ▶
Uma série complexa de processos ocorre quando o whisky entra no barril, e todos influenciam o sabor final.

MATURAÇÃO DO WHISKY

O whisky perdido pela evaporação é conhecido como "a parte dos anjos" e representa cerca de 2% do produto em volume e teor alcoólico.

O EFEITO DO CARVALHO

Outras madeiras, como bordo ou hickory (um tipo de nogueira), podem ser, embora raramente, usadas para maturar whisky. Mas quase todas as formas de produção de whisky no mundo especificam o uso de carvalho como um requisito legal.

O carvalho é abundante, impermeável, forte, flexível e resistente. Também possui as quantidades certas de taninos amargos e vanilinas ácidas para garantir um perfil de sabor equilibrado. As vanilinas, em particular, dão a muitos whiskys um sabor similar ao da baunilha. Mas o carvalho por si só não basta. Um bom tanoeiro, o artesão que faz barris de carvalho, consegue revelar as melhores qualidades da madeira. Parte do processo envolve tostar, ou carbonizar, o interior do barril. A prática elimina compostos de sabor desagradável, ajuda a ativar polímeros que realçam o sabor e cria uma camada de carbono que filtra o enxofre.

Nem todas as espécies de carvalho são adequadas para a produção de whisky. As variedades mais comuns são: *Quercus alba*, ou carvalho-branco americano; *Quercus robur*, ou carvalho europeu, em geral francês e do norte da Espanha; e *Quercus mongolica*, ou carvalho mizunara japonês. Cada um confere características diferentes ao whisky.

▲ **No Reino Unido**, leva cerca de quatro anos para se qualificar como um tanoeiro – mas é um compromisso para a vida toda.

A CADA ANO QUE O WHISKY PASSA EM UM BARRIL DE CARVALHO, SEU SABOR SE APROFUNDA E SE DESENVOLVE

CAPÍTULO 2

COMO DEGUSTAR

VOCÊ PODE QUERER mergulhar de cabeça e começar a degustar, mas aproveitará muito mais o whisky se souber *como* degustá-lo. Esse conhecimento será gratificante de imediato. Quem imaginaria, por exemplo, que basta *olhar* para o whisky para começar a apreciar a bebida? É claro que a degustação envolve muito mais do que isso, e as páginas a seguir o conduzirão, passo a passo, pela degustação. Você montará seu "kit" de degustação e descobrirá o caminho para o nirvana do whisky. Melhor ainda, você vai começar a *realmente* degustar.

DICAS DE DEGUSTAÇÃO

Para aproveitar este livro ao máximo, algumas dicas básicas melhorarão suas experiências de degustação. São coisas que você precisa ter e saber para apreciar a bebida o melhor possível. Com o tempo, você desenvolverá seu próprio passo a passo, mas este é um bom começo.

01
COPOS

Deve ser confortável de segurar, mas com boca estreita. Copos largos demais deixam os aromas escapar.

O copo Glencairn é ideal para a degustação, mas você também pode usar uma taça de vinho pequena e cônica. Use copos limpos para cada "flight" (whisky degustado): como o líquido adere no vidro, os resíduos da bebida anterior podem afetar as próximas degustações. Quanto menos possibilidades de interferir no sabor de cada whisky, melhor.

02
UMA BANCADA ESPAÇOSA

Garanta espaço suficiente para acomodar os copos e as garrafas. Pode parecer óbvio, mas, ao dispor todos os outros equipamentos de degustação com os whiskys, você vai se surpreender com o espaço necessário.

03
QUANDO COMER

Nunca deguste de estômago vazio. O ideal é comer alguma coisa uma hora antes da degustação. Mas não coma demais.

04
PETISCOS

Opte por petiscos neutros que limpem o paladar, como biscoitos de aveia sem sal (ou com pouco sal). O pão também pode ser uma opção, mas deve ser sem sal ou com pouco sal. E cuidado para não comer demais. O foco deve ser o whisky.

05
ÁGUA

Use água sem gás para adicionar ao whisky e água com gás para se hidratar e limpar o paladar. Prefira água de nascente à água mineral, por ser pura e ter menos aditivos, naturais ou não, que afetam o sabor.

DICAS DE DEGUSTAÇÃO

06
SOLO OU ACOMPANHADO?

Pode ser interessante degustar com amigos se eles tiverem os mesmos objetivos que você. O ideal é algo entre duas e quatro pessoas. Afinal, o whisky é precioso e não cresce em árvores!

07
CANETA E BLOCO DE NOTAS

Qualquer coisa para anotar, incluindo um tablet ou celular com um app de notas – mas mantenha os equipamentos eletrônicos longe dos líquidos.

08
ORDEM DA DEGUSTAÇÃO

Deguste sempre da esquerda para a direita, como neste livro. O ideal é degustar os whiskys "às cegas" – com as garrafas cobertas – pois a cor, o formato e o design da garrafa podem influenciá-lo antes mesmo de você tomar o primeiro gole.

Um tapete de degustação numerado o ajudará a identificar e a comparar os diferentes whiskys até a revelação no final.

09
TAMANHO DA AMOSTRA

Na degustação, 15ml bastam. Se tiver copos suficientes, sirva todas as amostras previamente, deixando-as prontas para degustação.

Lembre-se de que o whisky é forte. Beba com moderação.

10
ESTEJA SAUDÁVEL

Evite degustações de whisky se estiver resfriado ou com alguma outra doença. Suas papilas gustativas precisam estar bem. Tente não fumar pelo menos uma hora antes para não comprometer a experiência.

11
CHECAGEM FINAL

Quando estiver pronto para começar, verifique seu equipamento. Nada é pior para o fluxo da degustação do que ter de parar porque sua caneta ficou sem tinta ou porque você não providenciou aperitivos suficientes!

12
NÃO TENHA PRESSA

Agora deguste, devagar e com atenção. Comece avaliando o whisky pela visão e pelo olfato. Depois saboreie cada gota, extraindo cada elemento de sabor e aroma. Só passe para a próxima bebida quando estiver pronto.

COMECE A DEGUSTAR

Pegue um copo de degustação e sirva cerca de 2cm de whisky. Use as mesmas técnicas para cada whisky que for degustar. Assim você terá um padrão para avaliar as características de cada amostra.

1
OBSERVE A COR

Segure o copo contra um fundo branco. A cor pode indicar o tipo de barril em que o whisky foi envelhecido e por quanto tempo. O destilado normalmente será límpido; caso contrário, pode ser que não tenha sido filtrado a frio para remover os ácidos graxos.

2
GIRE O WHISKY NO COPO

Gire suavemente o whisky no copo. Whiskys com teor alcoólico maior, ou "cask strength" (que não receberam água adicionada antes do engarrafamento), podem produzir "lágrimas" – quando o whisky adere nas laterais do vidro – mais lentas. Além disso, agitar o whisky força os aromas a subirem no copo.

3
CHEIRE O WHISKY

Leve o copo para perto do nariz e cheire com delicadeza: lembre-se, o whisky tem alto teor alcoólico e é absorvido pelas membranas nasais. Assim que estiver confortável com o álcool em seus órgãos olfatórios, respire mais profundamente e anote quais aromas específicos você observou.

A COR PODE INDICAR O TIPO DE BARRIL EM QUE O WHISKY FOI ENVELHECIDO E POR QUANTO TEMPO

CONTA-GOTAS

Pode ser interessante usar um conta-gotas para adicionar quantidades precisas de água. Comece aos poucos e vá acrescentando mais até atingir o equilíbrio desejado. Você pode fazer "a olho", sem usar um conta-gotas, mas o processo será menos preciso.

4

DÊ UM GOLE

Coloque whisky suficiente na boca para cobrir a língua. Gire-o pela boca, cobrindo o máximo de áreas sensoriais possível. O gosto é igual ao cheiro? Quais outros sabores você descobriu? Você está gostando da experiência?

5

ADICIONE UM POUCO DE ÁGUA

Adicione um pouco de água de nascente ou filtrada, aos poucos e de preferência com um conta-gotas. Comece com algumas gotas, com cuidado para não diluir demais o whisky. A água abre os aromas e sabores retidos pelo álcool.

6

PARA FINALIZAR

Ao experimentar o whisky, com e sem água, observe o sabor e a textura na boca e na língua. É oleoso, aveludado ou ceroso? O objetivo é encontrar um bom sabor final, que o deixe querendo mais.

O BE-A-BÁ DO WHISKY

O whisky é considerado uma das bebidas mais complexas do mundo. Pode ser difícil falar sobre seus sabores, especialmente nas primeiras degustações. Porém, depois de dominar a "linguagem" do whisky, vai ser mais fácil expressar suas experiências.

APRENDA A LINGUAGEM

Antes de começar, lembre-se: este é um livro com ênfase na degustação. A ideia é procurar palavras para descrever sabores, aromas e toda a gama de percepções para conhecer e usufruir melhor seus whiskys.

Pode ser que seja difícil no começo, talvez você se sinta esnobe ao soltar palavras e frases que pareçam meio bobas ou exageradas.

Mas é assim que aprenderá a identificar os elementos do destilado. Se liberte e se expresse!

GOSTO NÃO SE DISCUTE

Não há certo ou errado nas palavras que usar. Você perceberá coisas que seus amigos não sentirão, e vice-versa, porque o paladar e as experiências de cada um são diferentes. Então tudo bem se as suas anotações não forem iguais às de seus amigos; é certo que elas serão diferentes, e essa é a ideia.

A degustação do whisky é uma experiência pessoal.

EM SEUS PRÓPRIOS TERMOS

As melhores definições são as extraídas da imaginação dos degustadores, pois mostram que o whisky realmente "falou" com eles.

São mais que uma mera lista de sabores, mas uma janela para o que aquele whisky significou para a pessoa e por quê.

O importante é que sua descrição seja pessoal e algo com a qual você possa se identificar.

Por onde começar? Comece usando termos simples e amplos, como:
- Fresco
- Frutado
- Maltado
- Picante
- Defumado

VIBRANTE
TURFOSO
DOCE SUAVE
PICANTE DENSO
FINAL MÉDIO

▲ **VOCABULÁRIO DO WHISKY**
É comum ouvir termos como estes em degustações de whisky. Sinta-se à vontade para usá-los, mas você também pode incluir sua própria terminologia.

AS MELHORES DEFINIÇÕES SÃO AS EXTRAÍDAS DA IMAGINAÇÃO DOS DEGUSTADORES

O BE-A-BÁ DO WHISKY

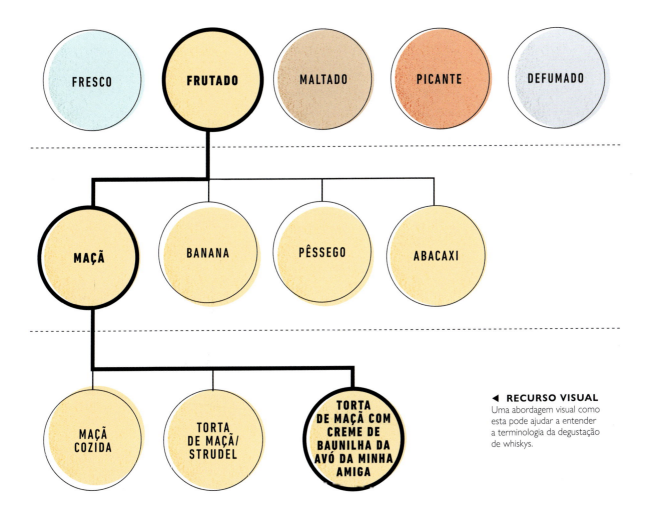

◀ **RECURSO VISUAL**
Uma abordagem visual como esta pode ajudar a entender a terminologia da degustação de whiskys.

ALÉM DO BÁSICO

Alguns, mas não necessariamente todos, desses sabores básicos serão encontrados em qualquer whisky. Depois de identificar a categoria de sabor (ou "camp") de um whisky, tente explorar essa categoria.

Por exemplo, se você detectou um sabor frutado, com qual fruta ele se parece? Qual é o sabor de fruta dominante?
Pense em:
- Maçã
- Banana
- Pêssego
- Abacaxi

Se for maçã, de que tipo? Fresca, cristalizada, cozida, com especiarias? Suas anotações vão começar a ficar assim:
- Frutado
  - Maçã
  - Maçã cozida
  - Torta de maçã/strudel
  - Torta de maçã com creme de baunilha da avó da minha amiga

FAÇA DO SEU JEITO

Com o tempo, você desenvolverá seu próprio "vocabulário", mas é interessante começar com um sistema de categorias e subcategorias como esse.

ANOTE TUDO

Não há uma maneira "oficial" de fazer anotações de degustação.

Mas uma boa estrutura básica seria começar anotando o nome do whisky que você degustou e quando. Em seguida, descreva, com suas próprias palavras: a aparência do whisky; seu aroma, ou "nariz"; seu gosto, ou paladar; a duração de seu final; e por fim todos seus outros comentários.

A HISTÓRIA POR TRÁS DE…

WHISKY E ÁGUA

Adicionar água ou não: eis a questão. Vamos analisar o que adicionar H_2O faz ao seu precioso whisky e quando, ou até mesmo por que, faz sentido adicioná-la.

> PARA NÃO INTERFERIR NO SABOR DO WHISKY, A ÁGUA DEVE SER O MAIS PURA POSSÍVEL

ABRINDO O SABOR

O álcool embota e inibe os receptores gustativos. Como o whisky costuma ter alto teor alcoólico, geralmente acima de 40% ABV, pode ser interessante reduzi-lo para usufruir a bebida ao máximo.

Adicione uma gota de água à maioria dos whiskys e a magia acontece. As moléculas de álcool se agitam, dando acesso a toda a gama de sabores da bebida. Dá para ver isso acontecendo, com os filamentos de óleo girando e se separando conforme você adiciona a água.

Diluir o whisky também ajuda os sentidos, abrindo toda uma onda de aromas novos e intensificados.

Mas o efeito varia de acordo com o whisky. Whiskys mais velhos ou mais leves, com perfis de sabor delicados, podem se desequilibrar com a adição de água. A única regra é ir tentando. Sinta o aroma do whisky e prove-o sem água. Se você gostar do whisky assim, vai tender a não adicionar água. Mas experimente com água mesmo assim. O sabor pode ficar ainda melhor para você.

QUANTO ADICIONAR?

É tudo uma questão de tentativa e erro. Use um conta-gotas para adicionar água aos poucos, fazendo anotações a cada vez. Após cada adição, sinta o aroma e deguste o whisky, repetindo até encontrar seu equilíbrio perfeito entre whisky e água!

QUAL TIPO DE ÁGUA?

Para não interferir no sabor do whisky, a água deve ser a mais pura possível. Você pode usar água de nascente de boa qualidade ou até

◀ **Uma pequena jarra d'água** pode ser um bom investimento. Algumas gotas costumam ser suficientes para abrir o sabor do whisky. Tudo depende do tipo de whisky e de suas preferências pessoais.

água de torneira filtrada. A água da destilaria que produziu o whisky seria o ideal, mas nem sempre é possível. Tente evitar água mineral, pois os compostos podem ser perceptíveis e afetar o sabor.

E O GELO?

Em alguns países e culturas, como o Japão, bons whiskys single malt são misturados a gelo e água com gás para preparar um highball, um long drink refrescante e delicioso. Whiskys intensos em climas mais quentes em geral se beneficiam de um ou dois cubos de gelo.

Mas, para degustar, seja cauteloso. O gelo tem um efeito de duplo bloqueio: entorpece o paladar e "fixa" os sabores do whisky, dificultando sua detecção.

▲ **Sempre olhe** antes de degustar o whisky. Todo degustador profissional começa a apreciação do whisky verificando sua aparência.

A APARÊNCIA DO WHISKY

Qual é a importância da cor e da aparência de um whisky? O que isso pode informar antes mesmo de pegarmos o copo? Olhar o whisky é uma parte crucial do processo de "degustação", e não deve ser ignorada.

UM REMÉDIO FITOTERÁPICO

O whisky nem sempre teve essa cor. Antes de se tornar a bebida atual e antes de usar barris de madeira para o armazenamento, o whisky tinha vários tons transparentes. "Vários" porque, antes de a destilação ser formalizada, ervas e especiarias eram adicionadas à bebida para dar sabor. Além disso, os primeiros equipamentos de destilação eram rudimentares (e nem sempre bem limpos) e as técnicas de filtragem eram mínimas.

UM ACIDENTE HISTÓRICO

Tudo mudou quando barris de madeira começaram a ser usados para armazenamento e transporte no fim do século XVIII. É provável que o efeito da madeira na cor do whisky tenha sido notado por acaso, quando o proprietário de algum armazém abriu um barril há muito esquecido e viu que o whisky havia escurecido "milagrosamente".

Hoje, é claro, sabemos que o carvalho pode afetar a cor (e o sabor) da bebida e como essa transferência ocorre. Na maioria das destilarias modernas, quando o destilado "novo" sai do alambique, ele é cristalino. A maior parte da cor é obtida pelo armazenamento em carvalho.

ADICIONANDO COR

O whisky também pode obter cor de outra fonte, como o corante caramelo (E150a), usado para dar cor a alguns whiskys escoceses e a outros, para garantir a uniformidade comercial. O corante não deve ter sabor, mas confere uma tonalidade caramelo. Nos Estados Unidos, seu uso é proibido no bourbon e em whiskys de centeio, e muitos prefeririam que não fosse usado em nenhum whisky, devido ao possível impacto, mesmo que mínimo, no sabor.

"LÁGRIMAS" E "PERNAS"

Você já deve ter ouvido falar das "pernas" do vinho. São os rastros de líquido que aderem à taça quando você a gira. No vinho, as pernas podem dizer muito sobre o teor alcoólico e a viscosidade da bebida. No whisky – e destilados em geral –, a relação não é tão clara, pois o whisky sempre tem um teor alcoólico alto. As "lágrimas", como são chamadas na indústria do whisky, que levam mais tempo para escorrer pelo copo são de whiskys com um teor alcoólico mais alto. Mas saiba que isso não diz nada sobre a qualidade do produto.

◀ **As "lágrimas" do whisky** são predominantemente água, pois têm uma tensão superficial maior e, portanto, é "mais pegajosa" que o álcool.

A APARÊNCIA DO WHISKY

Gim cristalino · Vinho branco · Palha pálida · Ouro claro · Ouro pálido

Palha dourada · Ouro amarelado · Âmbar pálido · Âmbar dourado · Âmbar intenso

Ouro intenso · Âmbar queimado · Cobre polido · Castanha/Xerez oloroso · Castanho-avermelhado/Moscato

Castanho-amarelado · Acaju · Mogno · Marrom-avermelhado · Carvalho envelhecido

Xerez amarronzado · Melaço

▲ **AS CORES DO WHISKY**
Este livro usa esses termos para descrever a variedade de tons de whisky. São termos amplamente utilizados no mundo da degustação de whisky.

DEGUSTAÇÃO 01/20

APRECIE COM OS OLHOS

GIRVAN
NO. 4 APPS SINGLE GRAIN
42% ABV

Nossos olhos podem nos enganar ao degustar whisky? A resposta é sim e não. A visão é um sentido apurado, e nos ajuda a formar uma opinião antes mesmo de começarmos a degustar.

SE NÃO ENCONTRAR, use o Kilbeggan 8 anos

CORPO 1 — Destilaria escocesa de grain whisky, inaugurada em 1963 pela William Grant & Sons.

A DEGUSTAÇÃO

Nesta degustação, as amostras mais claras sugerem o armazenamento em barris ex-bourbon. As mais escuras indicam barris ex-xerez, enquanto tons de rosa ou cobre antigo geralmente indicam vinho do Porto. Se os whiskys forem turvos, pode ser que não tenham sido filtrados a frio para remover proteínas ou ácidos graxos. Colocar a mão sobre o copo para ver quanto tempo as bolhas permanecem indica a intensidade do whisky. Deguste da esquerda para a direita.

A LIÇÃO

A grande lição é perceber que a degustação de whisky é um processo. Pode ser uma tentação já começar bebendo, mas é mais produtivo ir com calma. O processo começa olhando a bebida. Você aprenderá muito e terá mais base para a degustação. Quanto mais olhar para o whisky, mais o "conhecerá".

> **A GRANDE LIÇÃO É PERCEBER QUE A DEGUSTAÇÃO DE WHISKY É UM PROCESSO**

 VINHO BRANCO

 CARAMELO muito sutíl; chocolate ao leite

 BAUNILHA DOCE E DELICADA; notas herbais; limão

 LONGO, delicado e sutil

MAPA DE SABORES

 GOSTOU? Experimente o Bain's Cape Whisky

ARDBEG

SINGLE MALT DE ISLAY 10 ANOS

46% ABV

SE NÃO ENCONTRAR,
use o Talisker 57° North Single Malt

| CORPO 5 | Um dos single malts mais turfosos do mundo. |

PALHA PÁLIDA

LABAREDAS FURIOSAS defumando tudo! Algumas notas mais doces

INTENSO, DEFUMADO; eucalipto, hortelã-doce, cítrico

LONGO, final doce e defumado

GOSTOU?
Experimente o Laphroaig 10 anos

MAKER'S MARK

BOURBON

45% ABV

SE NÃO ENCONTRAR,
use o Eagle Rare Bourbon 10 anos

| CORPO 4 | A Maker's Mark produz bourbon desde 1954. |

ÂMBAR DOURADO

RICO E DOCE; caramelo, toffee; doces à base de cola

SUNTUOSO; fruta escaldada com especiarias; chocolate com pimenta

PERSISTENTE, licoroso, doçura picante

GOSTOU?
Experimente o Four Roses Single Barrel

GLENDRONACH

"ORIGINAL" SINGLE MALT DE HIGHLAND 12 ANOS

43% ABV

SE NÃO ENCONTRAR,
use o Mortlach Rare Old Single Malt

| CORPO 4 | Um clássico cult para os fãs de whisky envelhecidos em barris ex-xerez. |

ÂMBAR DOURADO

DAMASCO DESIDRATADO, strudel de maçã, canela, cravo

FIGO DOCE; crumble de pera; arroz-doce cremoso

LONGO E SUNTUOSO, ligeiramente seco, oleosidade picante

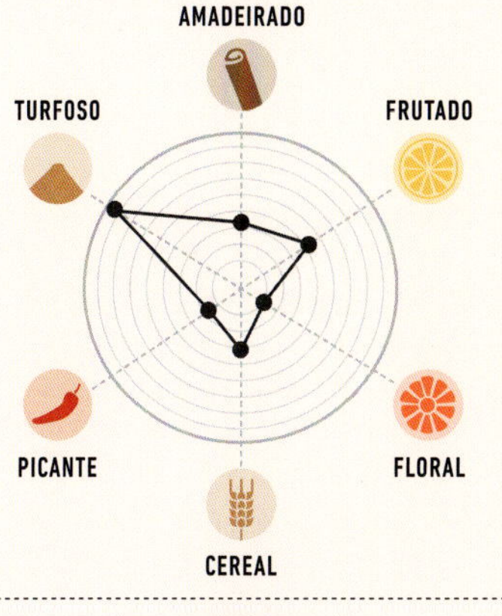

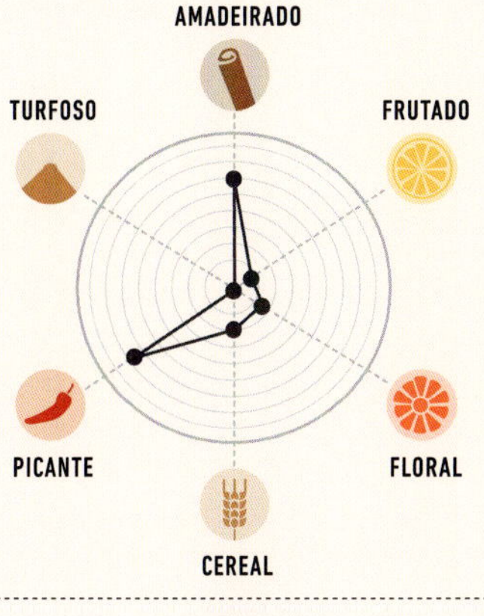

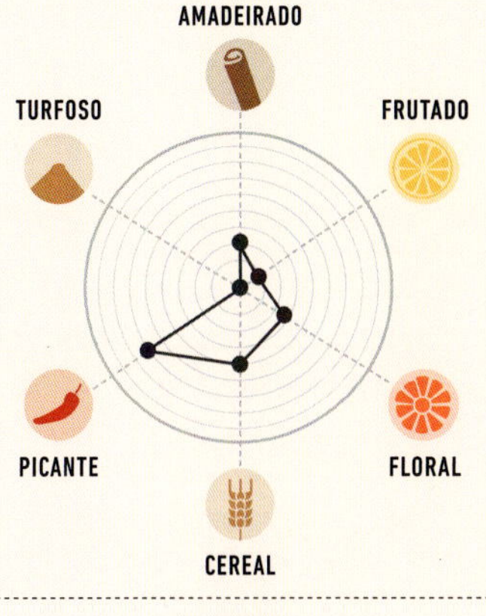

GOSTOU?
Experimente o Glen Moray Sherry Finish

DEGUSTAÇÃO 01/20

▲ **O mestre em ação.** Seiichi Koshimizu, master blender da destilaria Yamazaki, da japonesa Suntory, avalia um whisky pelo olfato

DETECTANDO OS AROMAS DO WHISKY

Seu nariz será seu melhor amigo na hora de escolher seus whiskys favoritos. Por isso é importante conhecer um pouco de sua fisiologia e como utilizá-la na degustação. É a sua "porta de entrada" para o whisky.

Pode parecer estranho cheirar o whisky antes de prová-lo. Mas é crucial para aperfeiçoar a experiência da degustação.

Antes de entrarmos nos aromas ou sabores, precisamos entender como o olfato processa as informações que nos permitem identificar elementos individuais.

ENTENDENDO O OLFATO

É importante saber onde ocorre a detecção de aromas e sabores para aplicar esse conhecimento na degustação. A parte mais sensível do seu paladar é o sistema olfatório, responsável por coletar dados relacionados aos aromas. Células nervosas receptoras olfatórias, cada uma contendo um único neurônio olfatório e localizadas no alto da cavidade nasal, são agitadas e estimuladas pelas moléculas de aroma que nos rodeiam.

Seja um campo verdejante ou uma biblioteca antiga, todos os lugares são permeados por aromas distintivos.

BOCA E LÍNGUA NÃO SÃO EFICIENTES EM DETECTAR TODOS OS SABORES, EXCETO OS MAIS BÁSICOS

Quando um sabor é detectado, o neurônio identifica o aroma e avisa seu cérebro para processar e categorizar as informações. Como há muito mais sabores do que receptores, eles trabalham juntos para identificar aromas específicos.

A primeira via para esses receptores é pelas narinas, quando você sente um cheiro. Também há uma segunda via atrás da sua língua. Quando você sente um gosto, as moléculas de sabor viajam pela parte posterior da garganta subindo até os receptores olfatórios, na direção oposta à do alimento ou bebida ingerida. Se esses receptores estiverem bloqueados, como por uma gripe, o paladar é prejudicado. Na degustação de whisky, usar seu sistema olfatório para detectar aromas é chamado de "nosing" (avaliação pelo olfato).

APRECIE COM O NARIZ

Boca e língua não são eficientes em detectar todos os sabores, exceto os mais básicos, como salgado, doce e amargo. E, como são justamente esses fatores que seu sistema olfatório não consegue detectar, seu nariz, língua e boca atuam juntos na degustação. Em resumo, aroma mais paladar é igual a sabor.

DICAS DE NOSING

Assim como você limpa seu paladar entre cada whisky degustado, você deve "corrigir" seu sistema olfatório antes de avaliar whiskys individuais pelo olfato.

PROTEJA O PALADAR

Evite alimentos fortes ou fumar uma hora antes da degustação. Ambos podem entorpecer o paladar, dificultando a detecção de aromas mais sutis pelo nariz.

REINICIAR

Se achar que seu paladar está sobrecarregado, talvez depois de degustar vários whiskys, cheire o seu pulso (o que você não usa relógio). Com isso, você pode "reiniciar" seu sistema olfatório.

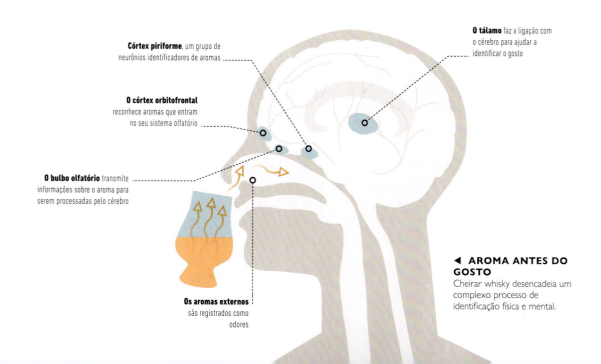

Córtex piriforme, um grupo de neurônios identificadores de aromas

O córtex orbitofrontal reconhece aromas que entram no seu sistema olfatório

O bulbo olfatório transmite informações sobre o aroma para serem processadas pelo cérebro

O tálamo faz a ligação com o cérebro para ajudar a identificar o gosto

Os aromas externos são registrados como odores

◀ **AROMA ANTES DO GOSTO**
Cheirar whisky desencadeia um complexo processo de identificação física e mental.

DEGUSTAÇÃO 02/20

APRECIE COM O NARIZ

CHIVAS REGAL MIZUNARA FINISH
BLEND ESCOCÊS
40% ABV

Agora que você sabe que seu sistema olfatório é responsável pela maior parte da detecção de aromas, é hora de colocar isso à prova. Nesta lição, você vai se concentrar em usar o nariz para detectar aromas e sabores.

SE NÃO ENCONTRAR, use o Hibiki Harmony

CORPO 3 — Esta variante do Chivas Regal é finalizada em barris de carvalho japonês, ou mizunara.

A DEGUSTAÇÃO

Nosso foco será no nosing: cheirar o whisky para identificar seus aromas. Cheire cada whisky, puro, e depois adicione algumas gotas de água em cada um. Cheire novamente, tomando notas. Adicione mais água (o whisky acabará diluído pelo menos 50/50, se não mais) e faça anotações a cada passo. Não é normal tomar whisky com tanta água, mas a ideia aqui é analisar o maior número possível de aromas individuais.

A LIÇÃO

A ideia é constatar a importância do seu olfato e como usá-lo, observando como ele é crucial para detectar os principais sabores do whisky. Você também vai perceber a importância de usar água para abrir os aromas. Não precisa ser sempre tão analítico, mas agora você sabe como extrair o máximo para a análise olfativa!

 PALHA DOURADA

 ERVAS FRAGRANTES; flor de cerejeira; pimenta e toffee

 TEXTURA LEVE, ligeiramente oleosa

 FINAL LEVE e refinado

MAPA DE SABORES

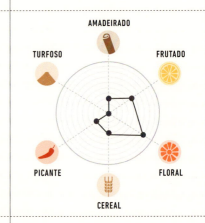

 GOSTOU? Experimente o Ballantine's 17 anos

CHEIRE CADA WHISKY, PURO, E DEPOIS ADICIONE ALGUMAS GOTAS DE ÁGUA

BALVENIE
SB 12 ANOS
SINGLE MALT DE SPEYSIDE
47,8%

SE NÃO ENCONTRAR, use o Knappogue Castle 12 anos

CORPO	
2	Fundada em 1892, é a segunda destilaria de single malt da família Grant, depois de Glenfiddich.

OURO PÁLIDO

MARGARIDAS E FLORES SILVESTRES; mel fresco em pão crocante

DOÇURA DO MEL; reconfortante, textura aveludada

FINAL DOCE E LONGO

GOSTOU? Experimente o Glenkinchie 12 anos

SAZERAC RYE
WHISKY DE CENTEIO DO KENTUCKY
45% ABV

SE NÃO ENCONTRAR, use o Jim Beam Rye

CORPO	
5	Produzido na premiada destilaria Buffalo Trace

COBRE POLIDO

CARNE SECA COM NOTAS DE UMAMI, presunto de Parma defumado, notas fragrantes de nozes

DOCE, PICANTE, com notas de pimenta e cremoso

BASTANTE SECO e picante

GOSTOU? Experimente o FEW Rye

LAGAVULIN
16 ANOS
SINGLE MALT DE ISLAY
43% ABV

SE NÃO ENCONTRAR, use o Ardbeg Uigeadail

CORPO	
5	Um conceituado single malt de Islay, com um estilo robusto "após o jantar".

ÂMBAR DOURADO

POLTRONAS DE COURO ANTIGAS, tabaco, chocolate, canela; fumaça da turfa

TEXTURA LICOROSA dourada

LONGO e defumado

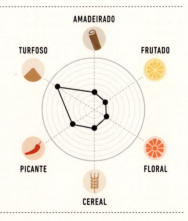

GOSTOU? Experimente o Wemyss Peat Chimney

---

41 — DEGUSTAÇÃO 02/20

OS PRINCIPAIS SABORES DO WHISKY

Em qualquer whisky é necessário diferenciar um conjunto complexo de sabores. A roda de sabores é uma excelente maneira de identificar os principais sabores do whisky e explorar suas sutilezas.

Cada whisky tem um sabor diferente. Ao comparar dois whiskys, mesmo da mesma destilaria, você notará pequenas ou grandes diferenças – talvez algo entre os dois.

COMO COMEÇAR

Quanto mais dominamos a linguagem da degustação, com um vocabulário rico e variado, mais seremos capazes de registrar e apreciar as características únicas de cada whisky.

Uma excelente ferramenta é a "roda de sabores". O modelo à direita é um bom ponto de partida para fazer suas anotações. Pense nele apenas como um exemplo e uma inspiração, não como uma regra.

CONFORME OS SABORES SE IRRADIAM DAS SEIS PRINCIPAIS CATEGORIAS DE SABOR, ELES FICAM CADA VEZ MAIS ESPECÍFICOS

Afinal, as observações mais interessantes são as que refletem a sua própria experiência individual.

Com o tempo, você fará anotações sem recorrer a recursos como esses. Até lá, para treinar seu cérebro a pensar em termos de categorias de sabores do whisky, será útil consultar uma roda de sabores.

OS SEIS GRANDES SABORES

Um dos grandes benefícios de usar essa ferramenta é que ela divide os principais sabores do whisky em algumas categorias precisas.

No caso do whisky, os sabores se dividem em seis grupos principais:
- Amadeirado
- Frutado
- Floral
- Cereal
- Picante
- Turfoso

Quando se acostumar a pensar em termos de categorias, você estará a caminho de desvendar e explorar os mistérios mais profundos e as infinitas nuances dessa bebida fascinante.

O WHISKY ESTRAGA?

Em termos gerais, o whisky é uma bebida destilada robusta, mas alguns fatores podem prejudicar seus sabores e aromas.

É mais raro encontrar sabores indesejáveis no whisky do que, digamos, no vinho, mas pode acontecer. Especialmente em whiskys com rolhas de cortiça, que, assim como no vinho, pode causar contaminação. Compostos clorofenólicos (provenientes de pesticidas e conservantes) são absorvidos pela cortiça e convertidos em TCA (tricloroanisol), que reage com a bebida na garrafa e deixa um desagradável aroma de mofo. Não precisa temer pela sua saúde, mas o gosto não vai ser bom. Se o whisky estiver cheirando mal, não beba.

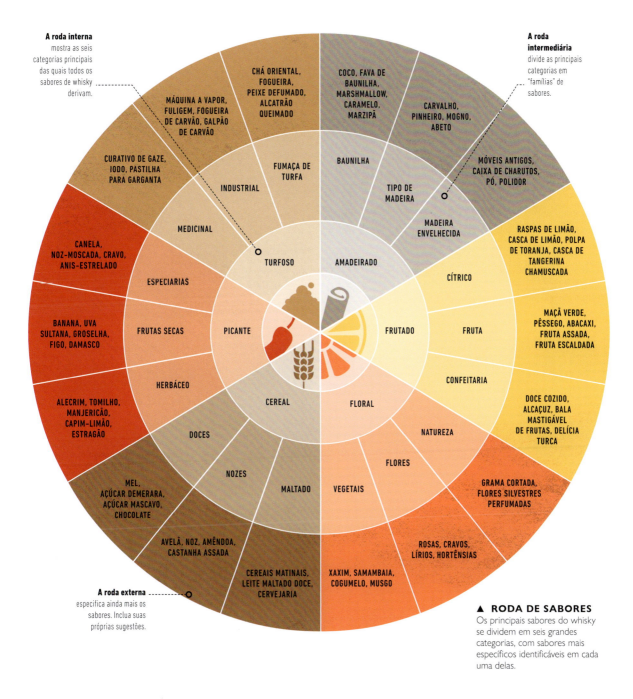

▲ **RODA DE SABORES**
Os principais sabores do whisky se dividem em seis grandes categorias, com sabores mais específicos identificáveis em cada uma delas.

COMO A RODA FUNCIONA

Como os raios de uma roda, conforme os sabores se irradiam das seis principais categorias de sabor, eles ficam cada vez mais específicos.

Por exemplo, um whisky "turfoso" tem mais que um subgrupo de sabores.

"Turfoso" pode conter um sabor medicinal, defumado ou até "industrial" e metálico. E, nessas três subcategorias, há ainda mais sabores para explorar. Assim, passo a passo, a roda de sabores o ajudará a descobrir as incríveis complexidades do whisky

DEGUSTAÇÃO
03/20

APRECIE COM A LÍNGUA

CHIVAS REGAL MIZUNARA FINISH

BLEND ESCOCÊS

40% ABV

Usando os mesmos whiskys da última degustação, nosso foco aqui será em como as suas papilas gustativas e sistema olfatório atuam juntos, com sabores e aromas combinados em uma complexa mistura sensorial.

SE NÃO ENCONTRAR, use o Hibiki Harmony

CORPO 3 — Os irmãos Chivas tinham uma mercearia de luxo na Escócia e começaram a misturar whiskys na década de 1850.

A DEGUSTAÇÃO

Deguste os whiskys da esquerda para a direita. Degustar sem diluir com água (dependendo do teor alcoólico) pode entorpecer o paladar, dificultando a degustação dos próximos whiskys. Adicione algumas gotas de água a cada whisky para começar. Prove e adicione mais água até sentir que atingiu o "ponto ideal" entre sabor e álcool.

A LIÇÃO

Depois de "degustar" esses mesmos whiskys com o nariz, prová-los com a boca esclarecerá como os sabores de diferentes whiskys se manifestam na língua em comparação com os aromas no sistema olfatório. Os sabores são realçados e ampliados. Aos poucos, você está treinando sua capacidade de identificar e diferenciar sabores.

PALHA DOURADA

ERVAS ADOCIADAS E FRAGRANTES, flor de cerejeira, pimenta, toffee

DOÇURA SIMILAR À UVA; mel de flor de laranjeira; especiarias; tangerina, cascas de pêssego

TEXTURA LEVE, ligeiramente oleosa

VOCÊ ESTÁ TREINANDO SUA CAPACIDADE DE IDENTIFICAR E DIFERENCIAR SABORES

MAPA DE SABORES

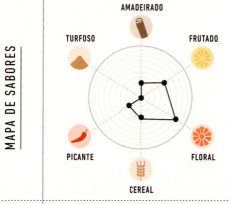

GOSTOU? Experimente o Ballantine's 17 anos

BALVENIE SB 12 ANOS
SINGLE MALT DE SPEYSIDE
47,8%

SE NÃO ENCONTRAR, use o Knappogue Castle 12 anos

| CORPO 2 | Uma das últimas destilarias escocesas a maltar pelo menos parte da própria cevada. |

OURO PÁLIDO

MARGARIDAS E FLORES SILVESTRES, mel fresco com o favo

BAUNILHA; creme de limão. Donut de creme. Adicione água para um cítrico suave

FINAL DOCE, longo

GOSTOU? Experimente o Glenkinchie 12 anos

SAZERAC RYE
WHISKY DE CENTEIO DO KENTUCKY
45% ABV

SE NÃO ENCONTRAR, use o Jim Beam Rye

| CORPO 5 | Este whisky é a base do coquetel Sazerac, criado em Nova Orleans. |

COBRE POLIDO

INTENSO, RICO, PICANTE, carne seca, presunto de Parma defumado, notas fragrantes de nozes

ESPECIARIAS, ERVAS, seguidas de maçãs frescas. Caramelo doce, butterscotch (um doce escocês, semelhante a uma torta de caramelo), frutas vibrantes

FINAL BASTANTE SECO, longo e picante

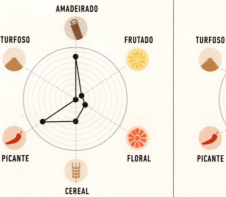

GOSTOU? Experimente o FFW Rye

LAGAVULIN 16 ANOS
SINGLE MALT DE ISLAY
43% ABV

SE NÃO ENCONTRAR, use o Ardbeg Uigeadail

| CORPO 5 | Simplesmente um dos melhores whiskys turfados de Islay. |

ÂMBAR DOURADO

COURO, TABACO, chocolate, canela; fumaça da turfa

GELEIA DE DAMASCO em uma torrada. Ervas, anis, canela; sobremesa cremosa de chocolate com infusão de fumaça de turfa

FINAL LONGO reconfortante e defumado

GOSTOU? Experimente o Wemyss Peat Chimney

---

45 DEGUSTAÇÃO 03/20

CORPO E FINAL DE BOCA

O que queremos dizer quando falamos do corpo e do final de um whisky? Como esses dois últimos elementos da degustação contribuem para a experiência e, em todos os sentidos, a completa?

O QUE É O "CORPO"?

De todos os termos usados para descrever o whisky, "corpo" é um dos menos precisos, apesar de ser o mais fácil de entender. É um processo sensorial, algo que se aprende na prática.

O corpo, basicamente, é a sensação do whisky na boca, quase independente do sabor. Você também pode usar as palavras "densidade" ou "sensação na boca" nesse contexto, referindo-se à sensação de maior ou menor densidade do whisky na boca. Não se preocupe; quando souber o que observar, será muito mais fácil avaliar o corpo do whisky.

▼ **Na degustação**, analise a aparência e o aroma do whisky, depois o sabor e a sensação na boca e, por fim, o final.

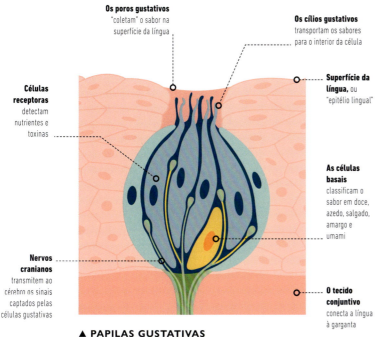

▲ **PAPILAS GUSTATIVAS**
Boca e garganta contêm cerca de 8 mil papilas gustativas, sobretudo na língua. Cada uma delas é uma micro "usina de processamento" sensorial.

INFLUÊNCIAS EXTERNAS

Fatores que podem afetar o corpo, ou densidade, de um whisky:

• **O tipo de barril** e o quanto ele foi usado. Por exemplo, um barril de carvalho norte-americano para bourbon nunca usado conterá mais extratos, entre eles a lignina, que é naturalmente oleosa, do que um barril já usado.

• **Design do alambique.** Alambiques de cobre mais baixos e largos oferecerão menos oportunidade de contato entre o cobre e a bebida, resultando em um whisky mais encorpado e possivelmente mais oleoso.

• **Teor alcoólico.** Às vezes, mas nem sempre, um ABV mais alto dará a impressão de que o whisky é mais denso.

• **A fumaça da turfa** também pode dar a impressão de que um whisky é encorpado, mas nem sempre.

Assim como em qualquer outro elemento da degustação, o corpo que você detecta é individual e subjetivo. Tudo bem se você não sentir exatamente o mesmo que seus amigos. Compartilhar experiências faz parte da diversão.

Tenha em mente que o corpo de um whisky não é indicação de qualidade — tanto whiskys leves quanto encorpados podem ser excelentes.

DETECTANDO O "FINAL"

O final é a última peça do quebra-cabeça da degustação. Não é incomum cheirar e experimentar alguns whiskys incríveis e se decepcionar com o final.

Assim como o corpo, não é fácil descrever ou quantificar o final sem ter provado alguns whiskys para comparar. Mas a ideia é relaxar e não ficar inseguro. Tudo o que você sentir faz parte da experiência. Sentiu que um whisky é "oleoso" ou "carnudo"?

Estes termos, assim como muitos outros, são válidos para descrever o corpo e o final. Você vai encontrar sua própria maneira de se expressar. O que buscamos em um final é algo quase intangível, que amarra as pontas soltas e encerra todos os sabores.

O final só precisa fazer isso bem, não importa sua duração, desde que não acabe em um piscar de olhos — sempre uma das maiores decepções ao degustar qualquer whisky.

O CORPO, BASICAMENTE, É A SENSAÇÃO DO WHISKY NA BOCA, QUASE INDEPENDENTE DO SABOR

DEGUSTAÇÃO 04/20

APRECIE O CORPO E O FINAL

Na última das nossas três degustações relacionadas, usando os mesmos quatro whiskys, apreciaremos todos os aspectos da bebida na boca e na garganta, incluindo o corpo e o final.

A DEGUSTAÇÃO

A ideia aqui é analisar a textura do whisky enquanto ele desliza pelo seu palato e desce pela garganta. É assim que se avalia o corpo e o final. Avalie como os sabores diferem (se for o caso) e quanto tempo eles duram. Esse é o final. Você pode adicionar água, mas saiba que vai diluir a textura. Tente degustar sem água antes.

A LIÇÃO

Com isso, você teve uma experiência completa de degustação, fazendo as últimas relações entre aroma, gosto e, agora, corpo e final do whisky. Analisando a sensação na boca e o final do whisky, você pode montar um perfil de degustação completo.

AGORA VOCÊ PODE MONTAR UM PERFIL DE DEGUSTAÇÃO COMPLETO

CHIVAS REGAL MIZUNARA FINISH
BLEND ESCOCÊS
40% ABV

SE NÃO ENCONTRAR, use o Hibiki Harmony

CORPO 3

A maior parte da produção do Chivas Regal é feita na destilaria Strathisla, em Speyside, Escócia.

👁 **PALHA DOURADA**

👃 **ERVAS OPULENTAS E FRAGRANTES;** flor de cerejeira, pimenta, toffee

👄 **DOÇURA SIMILAR À UVA;** mel de flor de laranjeira; especiarias; tangerina, pêssego

MEL PERSISTENTE e notas cítricas com textura doce e levemente oleosa

MAPA DE SABORES

AMADEIRADO · FRUTADO · FLORAL · CEREAL · PICANTE · TURFOSO

GOSTOU? Experimente o Ballantine's 17 anos

BALVENIE SB 12 ANOS	SAZERAC RYE	LAGAVULIN 16 ANOS
SINGLE MALT DE SPEYSIDE	WHISKY DE CENTEIO DO KENTUCKY	SINGLE MALT DE ISLAY
47,8%	45% ABV	43% ABV

SE NÃO ENCONTRAR, use o Knappogue Castle 12 anos | **SE NÃO ENCONTRAR,** use o Jim Beam Rye | **SE NÃO ENCONTRAR,** use o Ardbeg Uigeadail

| CORPO 2 | Usado, com o Glenfiddich e o Kininvie, para fazer o Grant's Monkey Shoulder. | CORPO 5 | Da mesma família de whiskys do Kentucky, como o Eagle Rare, Van Winkle e Blanton's. | CORPO 5 | Lagavulin, "vale do moinho" em gaélico, fica em uma bela faixa costeira da ilha de Islay. |

OURO PÁLIDO | COBRE POLIDO | ÂMBAR DOURADO

MARGARIDAS E FLORES SILVESTRES, mel fresco com o favo | **INTENSO, RICO,** picante; carne seca, defumação, notas fragrantes de nozes | **COURO, TABACO,** chocolate, canela; fumaça da turfa

BAUNILHA PICANTE, creme de limão, caramelo, creme à base de leite; açúcar de confeiteiro, frutas cítricas | **ESPECIARIAS E ERVAS;** maçãs frescas. Butterscotch, caramelo, frutas vibrantes | **GELEIA DE DAMASCO** em torrada amanteigada e dourada. Anis, canela, ervas secas

BAUNILHA, ESPECIARIAS RECONFORTANTES. Final doce, suntuoso. Textura aveludada e cremosa | **ALCAÇUZ E CANELA,** seguidas de cravo doce e baunilha. Textura espessa e oleosa | **FUMAÇA DE TURFA;** especiarias indianas; mentol ou eucalipto; textura similar a óleo de linhaça

GOSTOU? Experimente o Glenkinchie 12 anos | **GOSTOU?** Experimente o FEW Rye | **GOSTOU?** Experimente o Wemyss Peat Chimney

49 DEGUSTAÇÃO 04/20

CAPÍTULO 3

APRECIE
O
ESTILO

O WHISKY É UMA BEBIDA DE UMA DIVERSIDADE MARAVILHOSA. Os whiskys escoceses podem ser single malt (whiskys de malte único), single grain (de grão único) e blend – ou blended whisky – (misturados). Os norte-americanos são igualmente diversos, assim como os irlandeses. E isso sem mencionar whiskys canadenses, japoneses e do resto do mundo. Nesta seção, vamos focar menos na procedência de um whisky e mais em como ele é feito e o estilo que representa. Você aprenderá as diferenças (e as semelhanças) entre whiskys de malte, blends, bourbons e whiskys de centeio, milho, trigo e muito mais.

WHISKYS AO ESTILO ESCOCÊS

PENSE EM WHISKY SINGLE MALT e é certo que você pensará na Escócia. A variedade e a qualidade dos single malts escoceses são enormes, de suaves a encorpados, além dos famosos whiskys turfados de produtores como a Lagavulin, em Islay (à esquerda). Além disso, a adoção do grain whisky pela Escócia levou ao domínio do mercado global de whisky. Também abriu caminho para os blended whiskies e à ascensão do bourbon e de outros whiskys norte-americanos. Já os blended whiskies representam quase 90% das vendas de whisky escocês no mundo e dão aos whiskys ao estilo escocês um perfil que nenhum outro país consegue igualar.

FEITO EM DESTILARIA ÚNICA + USA CEVADA MALTADA + FEITO EM ALAMBIQUES DE COBRE + MATURAÇÃO MÍNIMA DE 3 ANOS + ENGARRAFADO NO MÍN. COM 40% ABV = WHISKY SINGLE MALT

O QUE É WHISKY SINGLE MALT?

O single malt é considerado por muitos o auge das variações de whisky, e hoje é produzido no mundo todo além da Escócia. Mas o que caracteriza esse estilo e por que ele é tão venerado?

▲ **Whisky EM RESUMO**
O diagrama acima é uma representação simplificada de como o whisky single malt é feito.

O QUE É?

Pode ser difícil entender todas as regras de produção de whisky. Espero que o diagrama acima simplifique as coisas. A principal característica do single malt é o uso de cevada 100% maltada. Também vale destacar que todo o whisky que entra em uma garrafa de single malt pode ser de diferentes lotes de produção, mas deve vir de apenas uma destilaria. Esse é o significado de "single" (único) em single malt. Em seu lar escocês tradicional, o single malt é produzido nas cinco principais regiões produtoras de whisky do país: Highlands & e Ilhas, Lowlands, Islay, Speyside e Campbeltown.

POR QUE É ESPECIAL?

O single malt mantém seu status icônico por várias razões.
- **Procedência** É a forma "original" do whisky, a fonte de todos os outros whiskys. Aparência e sabor mudaram desde a invenção do whisky, centenas de anos atrás, mas a linhagem histórica e o método de produção levam diretamente aos single malts atuais.
- **Local** As destilarias de single malt costumam ficar em locais belíssimos, quase místicos. O romantismo do local onde o whisky é feito sem dúvida aumenta sua popularidade – qualquer

CADA UMA DAS MAIS DE CEM DESTILARIAS DE SINGLE MALT DA ESCÓCIA PRODUZ UMA BEBIDA ÚNICA

especialista em marketing poderia concordar com entusiasmo. Mas a contribuição da localização para o sabor do whisky é tema de debates acalorados.

- **Diversidade de sabor** Cada uma das mais de cem destilarias de single malt da Escócia produz uma bebida única. Embora todas usem as mesmas técnicas básicas, podem usar cevada diferente ou variar o tempo de fermentação; os equipamentos de mosturação, fermentação e destilação podem ser de tamanho e formato diferentes; sem mencionar os tipos de barril. Uma destilaria pode produzir variantes bastante diversas de seu próprio estilo apenas modificando um ou mais processos. O resultado é uma combinação quase infinita de estilos e sabores, exatamente o que torna o whisky tão fascinante.

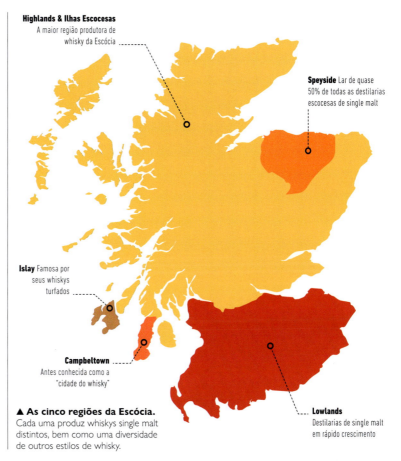

Highlands & Ilhas Escocesas A maior região produtora de whisky da Escócia

Speyside Lar de quase 50% de todas as destilarias escocesas de single malt

Islay Famosa por seus whiskys turfados

Campbeltown Antes conhecida como a "cidade do whisky"

Lowlands Destilarias de single malt em rápido crescimento

▲ **As cinco regiões da Escócia.** Cada uma produz whiskys single malt distintos, bem como uma diversidade de outros estilos de whisky.

SIGA O MESTRE

Histórica e comercialmente, a Escócia é, de longe, a líder na produção de single malts, mas hoje os single malts são feitos em todo o mundo.

Os single malts japoneses, por exemplo, estão crescendo em popularidade e prestígio, muitos premiados como "Melhores do Mundo". Destilarias na Índia, Taiwan, Europa, América do Norte, África do Sul e Australásia também produzem rótulos excelentes.

O MUNDO DO MALTE ▶ Principais países produtores de single malt do mundo.

DEGUSTAÇÃO 05/20

SINGLE MALTS ESCOCESES

Os single malts escoceses são vistos como o ápice dos whiskys ao estilo escocês, mas podem variar muito. Analisaremos quatro single malts para mostrar o quanto eles podem variar.

A DEGUSTAÇÃO

Deguste os whiskys da esquerda para a direita – quanto mais à esquerda, menos intenso é o sabor e, quanto mais à direita, mais intenso. Cheire e prove cada um sem água, adicione água e repita. Quais são as diferenças de aroma e gosto, com e sem água? O que importa é a sua experiência.

A LIÇÃO

Esta degustação é para mostrar como os single malts podem ser diferentes. Nem todos são doces e florais, nem todos são fortes e turfosos. Cada destilaria tem seu próprio "estilo da casa", mas até isso varia muito entre lotes. Identifique seu favorito nesta degustação e use seu mapa de sabores para encontrar outros semelhantes até chegar a seu malte perfeito.

CHEIRE E PROVE CADA UM SEM ÁGUA, ADICIONE ÁGUA E REPITA

AUCHENTOSHAN 12 ANOS
SINGLE MALT DE LOWLAND
40% ABV

SE NÃO ENCONTRAR, use o Glenmorangie 10 anos

CORPO 2

Uma fabricante de whisky single malt de tripla destilação nos arredores de Glasgow.

👁 **PALHA DOURADA**

👃 **DOCE E FRAGRANTE,** madressilva, baunilha e notas cítricas sutis

👄 **DELICADO, DOCE,** acessível. Maçãs crocantes, pêssegos e creme

FINAL LEVE, FRUTADO e persistente

FLAVOUR MAP

- AMADEIRADO
- FRUTADO
- FLORAL
- CEREAL
- PICANTE
- TURFOSO

 GOSTOU? Experimente o Dalwhinnie 15 anos

GLENFARCLAS 15 ANOS

SINGLE MALT DE SPEYSIDE

43% ABV

SE NÃO ENCONTRAR, use o Glendronach 12 anos

CORPO 4 — A Glenfarclas, de propriedade familiar, é conhecida por usar barris ex-xerez.

ÂMBAR DOURADO

UVA-PASSA E GROSELHA DESIDRATADA, com uma leve pitada de canela

SENSAÇÃO NA BOCA OLEOSA, SUNTUOSA; bolo de Reis e creme de conhaque

FINAL LONGO, seco e picante

GOSTOU? Experimente o Aberlour 12 anos

GLEN SCOTIA 15 ANOS

SINGLE MALT DE CAMPBELTOWN

46% ABV

SE NÃO ENCONTRAR, use o Springbank 10 anos

CORPO 4 — Destilaria recém-reformada e revitalizada em Mull of Kintyre.

PALHA DOURADA

UM SACO DE BALAS TRADICIONAIS. Um leve toque de maresia

ACIDULADO E COMPLEXO, geleia de damasco, torrone, marzipã; fumaça sutil de turfa

FINAL LONGO e levemente agridoce

GOSTOU? Experimente o Oban 14 anos

BOWMORE 12 ANOS

SINGLE MALT DE ISLAY

40% ABV

SE NÃO ENCONTRAR, use o Caol Ila 12 anos

CORPO 4 — Moderadamente turfoso, produzido na destilaria mais antiga de Islay.

PALHA DOURADA

UMA CAMINHADA REVIGORANTE em uma praia varrida pelo vento. Fumaça da turfa e pedaços de abacaxi

PERAS ESCALFADAS E TURFADAS; leves notas herbáceas e cítricas

FINAL MÉDIO-LONGO com um toque cítrico defumado

GOSTOU? Experimente o Talisker 10 anos

DEGUSTAÇÃO 05/20

O QUE É WHISKY SINGLE GRAIN?

O whisky single grain foi um dos desenvolvimentos mais importantes da indústria do whisky há quase 200 anos. Mas o que é e como possibilitou a criação de novos estilos, como o bourbon?

O QUE É?

A ilustração abaixo é uma versão simplificada de um processo complexo. O importante é lembrar que o whisky single grain, apesar do nome, é uma mistura de cevada maltada com outros grãos, como trigo, centeio ou milho, em um método contínuo de destilação. O "único" (single) se refere ao fato de que tudo isso acontece em uma única destilaria.

HISTÓRICO

Antes do grain whisky, havia apenas o whisky single malt e o blended malt na Escócia, e o whisky single pot still na Irlanda.

Na Escócia, os single malts eram mais turfosos e defumados do que são hoje, já que a turfa era o principal combustível usado para secar a cevada no processo de maltagem.

A produção de grain whisky foi facilitada e aperfeiçoada por três homens. Em 1822, o irlandês Anthony Perrier patenteou um método "contínuo" de produção de whisky que permitia usar outros grãos além da cevada na destilação. Em 1828, o escocês Robert Stein desenvolveu e patenteou seu próprio alambique. Aeneas Coffey, um ex-agente alfandegário irlandês, aprimorou essas ideias e patenteou seu alambique contínuo de dupla coluna em 1830. O Coffey still, ou alambique de coluna, continua sendo o mais utilizado na produção de grain whisky e whisky estilo bourbon.

COMO É FEITO

O design de Coffey permitiu mais destilações (foto) com um teor alcoólico cada vez mais alto. Mas, por lei, os produtores de grain whisky só podem chegar a 94,8% ABV (nos Estados Unidos, até 89%).

Por ser um processo contínuo (ou seja, "aberto"), e não em lote como

 + + + =

CEVADA MALTADA   OUTROS CEREAIS   DESTILAÇÃO CONTÍNUA   FEITO EM DESTILARIA ÚNICA   SINGLE GRAIN

▲ **UM DIAGRAMA SIMPLIFICADO**
A fabricação do whisky single grain usa uma mistura de grãos, e é destilado de forma contínua em apenas uma destilaria.

◄ **Alambique de coluna**. Parece complexo, mas funciona pela condensação e destilação do líquido à medida que ele flui pelo dispositivo.

> ### WHISKY BLENDED GRAIN
>
> Esta categoria pouco conhecida é apenas uma "tecnicalidade".
>
> A ideia do whisky blended grain é evitar que as destilarias combinassem dois grain whiskies completamente diferentes e chamassem o resultado de "single grain". Dito isso, destilarias como a Compass Box Whisky produzem alguns whiskys blended grain bastante interessantes em sua linha "Hedonism".

no alambique de pote (ou "fechado"), o único limite de produção é a quantidade de matéria-prima que o alambique pode conter. O Coffey still revolucionou o método e a rapidez da produção do whisky.

QUAIS GRÃOS?

A maioria das destilarias escocesas usa trigo; nas norte-americanas, sobretudo milho. Quase todas usam cerca de 10% de cevada maltada, cujas enzimas ajudam na fermentação. O grain whisky é menos complexo que o single malt, pois seu processo de destilação substitui a maior parte do sabor por álcool. Por isso, para adicionar sabor, são usados barris de carvalho ex-bourbon. Quando jovem, é fresco, cremoso e muitas vezes vibrante; quando envelhecido, pode obter camadas de toffee, especiarias e mais.

ANTES DO DESENVOLVIMENTO DO GRAIN WHISKY, HAVIA APENAS O WHISKY SINGLE MALT E O WHISKY BLENDED MALT

O QUE É BLEND ESCOCÊS?

O blend escocês é o estilo de whisky escocês favorito do mundo. É fascinante aprender como ele é misturado, quem decide o que incluir na mistura e como ele se tornou tão popular.

O QUE É?

O blend escocês é uma mistura de um ou mais whiskys single malt com um ou mais whiskys single grain. Como todos os whiskys escoceses, um blended whisky deve ser maturado na Escócia por no mínimo três anos e também engarrafado na Escócia, com no mínimo 40% ABV.

A HISTÓRIA DOS BLENDS

Em meados do século XIX, a maioria dos single malts escoceses, feitos com cevada maltada e turfada, tinha um estilo marcante que nem todos gostavam.

Com o advento do alambique contínuo, o grain whisky, mais neutro, começou a ser misturado aos mais complexos, saborosos e em geral turfosos single malts da época para produzir um whisky suave e "acessível" que rapidamente ganhou popularidade.

Muitos dos pioneiros do blending foram merceeiros — fornecedores de itens de luxo como café, chá e especiarias —, homens como John ("Johnnie") Walker de Kilmarnock, John e James Chivas de Aberdeen e George Ballantine de Glasgow, cujas criações são produzidas até hoje.

POR QUE É POPULAR?

Muitas razões levaram à popularidade mundial dos blends escoceses.

O OBJETIVO DO BLENDING É CRIAR UM WHISKY MELHOR DO QUE SUAS PARTES CONSTITUINTES

As principais são:
- A destilação contínua foi adotada pela indústria escocesa em meados do século XIX, acelerando a produção e aumentando o volume.
- A Irlanda recusou-se a fazer o mesmo até o século XX.
- Um surto de filoxera devastou as videiras da Europa Ocidental no fim do século XIX, derrubando a produção de conhaque.
- Durante a Lei Seca nos Estados Unidos, produtores como a Berry Brothers exportaram blended whiskies, como o Cutty Sark, para o Canadá e as Bahamas, e de lá eram vendidos aos "importadores" norte-americanos.

COMO O BLENDING É FEITO

O objetivo do blending é criar um whisky melhor do que suas partes constituintes. As destilarias raramente revelam as proporções de malte e grãos de seus blends, mas a maioria dos blends comerciais contém cerca de 20–25% de whisky de malte. Em

SINGLE MALT + SINGLE GRAIN = BLEND ESCOCÊS

◄ **OPÇÃO FÁCIL?**
Pode parecer fácil fazer um blend escocês, mas chegar à mistura certa é uma arte.

O QUE É BLEND ESCOCÊS?

▲ **O Blenders' Batch Red Rye Finish** da Johnnie Walker's foi lançado em 2016. Como o nome sugere, foi finalizado em barris ex-whisky de centeio,

geral, quanto mais caro for um blend, maior será sua proporção de whisky de malte e sua idade.

A pessoa que decide quais whiskys misturar e em qual proporção é o "master blender". Ele analisa milhares de amostras anualmente para preparar cada lote. Uma vez desenvolvido um pequeno lote de blend, ele é reproduzido em escala maior para fazer o blend final.

LUCRANDO COM O INFORTÚNIO

O whisky se beneficiou de um devastador parasita destruidor de vinhedos.

No fim do século XIX, os vinhedos da França foram infestados pelo pulgão *Phylloxera vastatrix*, um pequeno inseto que praticamente dizimou a produção de vinho e conhaque por vários anos. Com isso, as vendas de whisky dispararam na Europa.

▲ **As vendas de vinho, champanhe e brandy** despencaram 70% após o surto, criando o "boom do whisky" dos anos 1880.

▲ **O Monkey Shoulder** é um blend "simples" de três single malts. Outros produtores usam muito mais – até 16 em alguns casos.

O QUE É WHISKY BLENDED MALT?

Pode causar estranheza. Para que misturar um whisky de malte com outro whisky de malte? Mas, com a busca atual por novos sabores, essa categoria vem ganhando popularidade.

O QUE É?

Esse estilo de whisky existia muito antes da hoje dominante categoria de blends escoceses. Afinal, antes só existiam single malts, e a única maneira de criar novos whiskys era misturar dois ou mais single malts. Em resumo, esta é a definição do whisky blended malt: uma mistura de dois ou mais whiskys single malt de duas ou mais destilarias.

Se quiser fazer seu próprio blended malt, basta misturar os restos de uma garrafa de single malt com os restos de um single malt de uma destilaria diferente. É só isso. Agora você tem um blended malt caseiro!

POR QUE MISTURAR?

Os single malts eram caracterizados por sabores turfosos e defumados. Misturá-los a whiskys feitos de outros grãos, como trigo, milho e centeio,

MISTURAR SINGLE MALTS É UMA EXCELENTE MANEIRA DE CRIAR NOVAS E INTERESSANTES COMBINAÇÕES DE WHISKY

era visto como a maneira ideal de torná-los "mais delicados" e acessíveis.

Hoje, os single malts têm uma gama de sabores muito mais ampla e misturá-los é uma excelente maneira de criar novas e interessantes combinações, mantendo a característica pela qual os single malts são famosos.

Para quem gosta da doçura do single malt, mas quer provar algo um pouco diferente, os blended malts são uma boa opção.

QUEM FAZ?

Com poucas exceções, as destilarias maiores não investem muito em whiskys blended malt. Os maiores adeptos dessa categoria são engarrafadoras independentes – que não possuem (ou não possuíam) destilaria própria e compram barris de whisky para engarrafar sob a própria marca.

As engarrafadoras independentes podem fazer experimentos com blends, assumindo riscos que empresas maiores e consolidadas preferem evitar.

A categoria vem crescendo em popularidade, e produtores como a Compass Box e a Douglas Laing lançaram produtos bem recebidos.

▼ **Na Glengoyne Distillery,** nas proximidades de Glasgow, os visitantes fazem os próprios blends no exclusivo "Malt Master Tour".

"MADE IN TAIWAN"

Pode ser difícil encontrar blended malts expostos em destaque em lojas de bebidas da sua cidade – a menos que você more em Taiwan.

Taiwan é o maior mercado de blended malts, com exemplos como o Yushan, da destilaria Nantou. Os taiwaneses tomaram gosto pelo blended malt em 1984, quando a Nantou começou a importar whisky escocês para fazer blends. Em 2008, a Nantou também começou a lançar whiskys produzidos localmente. Taiwan é hoje uma potência crescente na produção de whisky, local de excelentes single malts, como seu Kavalan Solist Vinho Barrique, que ganhou o cobiçado prêmio de "Melhor do Mundo" no World Whisky Awards.

▲ **O Yushan** um blended malt taiwanês lançado em 2016, combina whiskys maturados em barris ex-bourbon e ex-xerez.

A HISTÓRIA POR TRÁS DE...

CRIANDO SEUS PRÓPRIOS BLENDS

Misturar whiskys pode parecer um sacrilégio, mas os master blenders fazem isso o tempo todo. É uma arte que leva anos de prática. Mas nada o impede de fazer você mesmo.

AS ORIGENS DO BLENDING

O blending começou em meados do século XIX para equilibrar os sabores dos single malts, muito mais turfosos na época, misturando-os com os sabores mais leves e neutros do grain whisky.

Com o tempo, o blending se tornou uma ciência, com masters blenders misturando whiskys em condições de laboratório, usando equipamentos especializados e seus sentidos. Mas o que o blending faz é criar um whisky que tenha um sabor melhor do que os whiskys individuais que o compõem. Não importa se você for um master blender ou um entusiasta amador, o que importa é se você gosta do sabor final.

SEU KIT DE BLENDING

Você vai precisar das ferramentas a seguir:
- Um pequeno jarro medidor de 50ml
- Um grande jarro medidor de 500ml
- Algumas garrafas vazias com rolhas/tampas de rosca
- Uma ou duas pipetas graduadas
- Meia dúzia de copos de degustação
- Bloco e caneta para fazer anotações
- Etiquetas adesivas
- Até seis single malts de vários estilos e densidades
- Um whisky single grain jovem (8–12 anos)

O grain whisky não é indispensável para todos os experimentos de blending, mas é uma excelente "base" para misturar whiskys, e é o que usamos aqui.

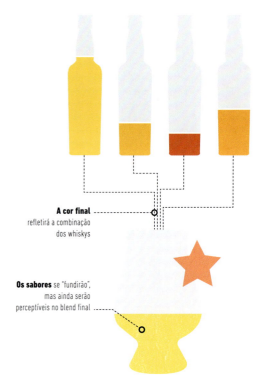

A cor final refletirá a combinação dos whiskys

Os sabores se "fundirão", mas ainda serão perceptíveis no blend final

▲ **VOCÊ ESCOLHE**
Cada blend que você fizer será 100% personalizado, pois você controla a quantidade e as proporções dos whiskys usados.

COMECE A MISTURAR

A primeira decisão a tomar é: qual estilo de blend você quer? Os exemplos abaixo foram pensados para você começar, mostrando as proporções de whisky necessárias para três estilos diferentes.

Não há regras. Então por que não começar usando a pipeta para adicionar o estilo mais leve de whisky ao pequeno jarro vazio? Adicione quantidades menores de cada um dos outros whiskys, anotando as proporções e avaliando pelo olfato – usando as taças de degustação – a cada passo.

Quando gostar de uma combinação de sabores, use suas anotações para adicionar as mesmas proporções ao jarro maior. Depois, coloque o blend em uma garrafa vazia, rotule-a e aproveite.

Lembrando que o whisky vai se desenvolver na garrafa à medida que os sabores se misturam, de preferência para melhor. Observe sua evolução para o caso de precisar fazer ajustes na próxima vez que tentar um blend semelhante.

FAZER UM BLEND É, EM ESSÊNCIA, CRIAR UM WHISKY QUE TENHA UM SABOR MELHOR PARA VOCÊ

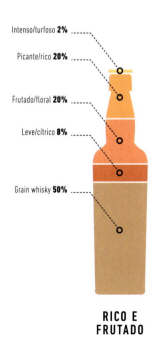

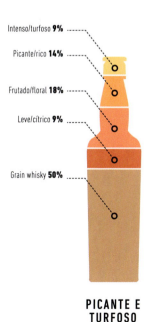

FAÇA VOCÊ MESMO ▶
O grain whisky é a base para os blends sugeridos. Observe como o blend "picante e turfoso" contém muito pouco whisky turfoso, devido a seu sabor intenso.

DELICADO E FLORAL

RICO E FRUTADO

PICANTE E TURFOSO

DEGUSTAÇÃO 06/20

WHISKYS ESCOCESES

LOCH LOMOND SINGLE GRAIN

WHISKY SINGLE GRAIN

46% ABV

Não existe uma bebida específica que defina o "whisky escocês" que englobe toda uma variedade de estilos, sabores e aromas. Os whiskys selecionados aqui representam, em parte, essa variedade.

SE NÃO ENCONTRAR, use o Girvan "Patent Still"

| CORPO 1 | Este single grain é feito 100% de cevada maltada, mas usando Coffey stills. |

A DEGUSTAÇÃO

Esta degustação abordará os contrastes. É possível passar a vida inteira sem saber da existência desses diferentes estilos de whisky escocês, quanto mais degustá-los lado a lado. Não deixe de anotar a sensação na boca e o final, pois eles costumam ser bem diferentes entre o whisky de malte e o grain whisky.

OURO PÁLIDO

O CÍTRICO DOCE E FRESCO dá lugar a um suntuoso aroma de pêssego em calda

A LIÇÃO

A ideia é observar a grande variedade dos whiskys escoceses. Provavelmente você vai notar as grandes diferenças entre o grain whisky e o whisky de malte. Esta é a degustação perfeita para fazer com seus amigos que odeiam whisky. Eles verão que nem todo whisky escocês e, na verdade, nem todo whisky, tem o mesmo sabor.

INICIALMENTE LEVE E DELICADO, seguido de tons de frutas tropicais maduras e suculentas

CÍTRICO E CREAM SODA. Final de persistência média e sensação suave na boca

ESTA É A DEGUSTAÇÃO PERFEITA PARA FAZER COM SEUS AMIGOS QUE ODEIAM WHISKY

MAPA DE SABORES

GOSTOU? Experimente o Norfolk "Parched"

ARRAN 10 ANOS

SINGLE MALT DE ISLAY

46%

SE NÃO ENCONTRAR, use o Scapa Skiren

CORPO 2 — Uma das primeiras destilarias de single malt escocês da "nova onda", fundada em 1995.

OURO PÁLIDO

A BAUNILHA ACONCHEGANTE dá lugar a frutas cítricas e maçãs verdes recém-colhidas

MUITO VIBRANTE E FRESCO, seguido de um toque de baunilha e especiarias suaves e aconchegantes

ESPECIARIAS LEVES finalizam as notas cítricas que permeiam a experiência

(gráfico radar: AMADEIRADO, FRUTADO, FLORAL, CEREAL, PICANTE, TURFOSO)

GOSTOU? Experimente o Tomatin 12 anos

COMPASS BOX "GREAT KING ST" ARTIST'S BLEND

BLEND ESCOCÊS

43% ABV

SE NÃO ENCONTRAR, use o Johnnie Walker Black Label

CORPO 3 — A Compass Box, uma empresa de blending e engarrafamento, não possui destilaria própria.

PALHA PÁLIDA

FRUTAS VERMELHAS FRESCAS, notas de pera, leve toque de fumaça

PICANTE, O DEFUMADO do creme de uma torta com recheio de geleia e creme de amêndoas. Limão leve, sutil e refrescante

FINAL BALANCEADO, EQUILIBRADO, seco e bastante delicado

GOSTOU? Experimente o Cutty Sark "Prohibition"

WEMYSS "SPICE KING" 12 ANOS

WHISKY BLENDED MALT

46% ABV

SE NÃO ENCONTRAR, use o Douglas Laing "Scallywag" 10 anos

CORPO 4 — Em 2014, a engarrafadora independente Wemyss investiu em uma nova destilaria, a Kingsbarns.

OURO PÁLIDO

CARAMELO DOCE E SALGADO, chocolate branco, abacaxi aromático

TEXTURA RICA QUE PREENCHE O PALADAR, maçãs cozidas com especiarias. Pão com passas quentinho polvilhado com canela

FINAL BASTANTE LONGO, SECO e com notas de pimenta

GOSTOU? Experimente o Compass Box "Spice Tree"

DEGUSTAÇÃO 06/20

WHISKYS IRLANDESES

O WHISKY IRLANDÊS É FEITO quase como os whiskys escoceses. A diferença mais importante é o uso de cevada não maltada misturada à cevada maltada na mesma "receita" (mash bill), criando o estilo irlandês único conhecido como single pot still. A Jameson e a Bushmills implementaram a tripla destilação (bem como uma ou duas destilarias escocesas).

Hoje, as novas destilarias irlandesas estão abrindo seus próprios caminhos. Seja reproduzindo com rigor o estilo single pot still ou seguindo um modelo mais ao estilo escocês, esta é uma época interessante para a indústria irlandesa.

FEITO EM ALAMBIQUES DE POTE DE COBRE + MATURADO POR NO MÍN. 3 ANOS + ENGARRAFADO NO MÍN. COM 40% ABV + MIN. DE 30% DE CEVADA MALTADA E 30% DE CEVADA NÃO MALTADA + FEITO POR DESTILARIA ÚNICA = WHISKY IRLANDÊS "SPS"

O QUE É WHISKY IRLANDÊS?

▲ **WHISKY IRLANDÊS**
Também chamado de whisky single pot still, é similar ao escocês, com diferenças importantes.

O whisky irlandês foi, até recentemente, sinônimo de whisky single pot still (SPS). Apesar da grande variedade de estilos irlandeses hoje, foi o estilo single pot still que deu fama à Irlanda e é o nosso foco aqui.

O QUE É?

A ilustração acima mostra um resumo de como o whisky single pot still irlandês é feito. A palavra "single" se refere ao fato de a bebida ser feita em uma única destilaria, em um alambique de cobre tradicional (pot still), da mesma forma que o whisky single malt.

Além da proporção de grãos (mash bill) maltados e não maltados, também pode conter até 5% de cereais, como milho, trigo e centeio. É comum dividir meio a meio os dois tipos de cevada.

POR QUE CEVADA NÃO MALTADA?

Em 1785, a cevada maltada começou a ser taxada na Irlanda, encarecendo e até inviabilizando a produção de whisky. Para manter as margens de lucro, as destilarias recorreram à cevada não maltada, mantendo uma porção de cevada maltada para auxiliar na fermentação e no sabor.

O resultado dessa receita é um whisky em geral mais picante e oleoso do que os single malts.

ALTOS E BAIXOS

No início do século XIX, o whisky single pot still irlandês era o favorito do mundo. Em 1835, havia 93 destilarias irlandesas single pot still, e

NO SEU MELHOR, O WHISKY SINGLE POT STILL É SUNTUOSAMENTE DOCE E OLEOSO, COM UMA QUALIDADE RICA, QUASE HERBÁCEA

o whisky de Dublin era especialmente popular.

Mas os grandes produtores irlandeses rejeitaram os novos alambiques de coluna de meados do século XIX, alegando que não produziam whisky "de verdade". Além disso, a Grande Fome, a Guerra da Independência da Irlanda e a Lei Seca nos Estados Unidos reduziram a demanda por whiskys irlandeses. Na década de 1970, restavam apenas duas destilarias.

DE VOLTA AOS TRILHOS

O single pot still começou a ressurgir na virada do milênio. Novas destilarias relembram o glorioso passado do whisky irlandês e voltaram a adotar esse estilo, em geral com single malt.

No seu melhor, o whisky single pot still é suntuosamente doce e oleoso, com uma qualidade rica, quase herbácea difícil de descrever. A melhor maneira de descobri-lo, como sempre, é degustando.

TRIPLA DESTILAÇÃO

Por grande parte de sua história, muitos acreditavam que era a terceira destilação que diferenciava o whisky irlandês do escocês, que em geral passa por duas destilações.

É mais correto dizer que é a proporção de grãos do estilo single pot still, aliada à tripla destilação, que cria seu caráter único. Afinal, algumas destilarias escocesas também fazem tripla destilação. A Irlanda e a Escócia também usam alambiques de pote, sendo que a Jameson, irlandesa, tem o maior exemplar do mundo (abaixo).

◀ **O Cooper's Croze,** lançado em 2016, foi criado e nomeado para celebrar a arte do mestre tanoeiro da Jameson, Ger Buckley.

DEGUSTAÇÃO 07/20

WHISKYS IRLANDESES "TRADICIONAIS"

A Bushmills e a Jameson se mantiveram firmes durante os altos e baixos do whisky irlandês. Agora que o país está desfrutando de um "novo" boom do whisky, vamos dar uma olhada no que essas duas gigantes têm a oferecer.

A DEGUSTAÇÃO

A Bushmills, na Irlanda do Norte, usa cevada maltada e tripla destilação; a Jameson, na República da Irlanda, usa cevada maltada e não maltada e tripla destilação. Os exemplos foram organizados da esquerda para a direita para levá-lo em uma jornada pelo whisky irlandês tradicional com base no sabor.

A LIÇÃO

Nem todos os produtores de whisky irlandês usam a tripla destilação. É um processo que aumenta o teor alcoólico e, dizem, suaviza o perfil de sabor. Você sentiu a diferença com os whiskys de dupla destilação de outras degustações? O outro contraste é entre o whisky single malt e os dois whiskys single pot still. Você notou alguma diferença?

> **A TRIPLA DESTILAÇÃO AUMENTA O TEOR ALCOÓLICO E, DIZEM, SUAVIZA O SABOR**

BUSHMILLS 10 ANOS
WHISKY SINGLE MALT
40% ABV

SE NÃO ENCONTRAR, use o Quiet Man 10 anos

CORPO 2 — Em 2008, o Banco da Irlanda colocou a Old Bushmills Distillery nas novas notas de dinheiro.

👁 OURO PÁLIDO

👃 **MEL SUAVE, DOCE E VISCOSO;** leve, limão e ervas fragrantes

👄 **MAÇÃ FRESCA E CROCANTE;** um toque de especiarias; um pouco de baunilha e creme de limão

ACIDULADO, AGRIDOCE, ligeira acidez e final médio

MAPA DE SABORES

GOSTOU? Experimente o Bushmills 16 anos

BUSHMILLS BLACK BUSH

BLENDED WHISKEY

40% ABV

SE NÃO ENCONTRAR, use o Bushmills Original

| CORPO 3 | A Bushmills usa grain whiskey da Jameson em seus blends. |

ÂMBAR PÁLIDO

ACIDULADO, DOCE E PERA escalfada com notas de especiarias; pêssego e abacaxi

FRUTAS VERMELHAS MADURAS; crumble de amora e creme; leve acidez e pimenta

FINAL BASTANTE LONGO, com acidez suculenta e um toque picante satisfatório

GOSTOU? Experimente o Teeling The Blend

MITCHELL'S GREEN SPOT

WHISKY SINGLE POT STILL

40% ABV

SE NÃO ENCONTRAR, use o Writer's Tears

| CORPO 2 | Um whisky single pot still da destilaria Jameson de Midleton em Cork, na Escócia. |

PALHA DOURADA

MAÇÃS E PERAS AROMÁTICAS dão lugar à baunilha cremosa com notas de especiarias e abacaxi

DESCONTRAÍDO, com frutas tropicais, notas de carvalho e um toque de menta fresca

FINAL SUAVE E REFINADO, com frutas e especiarias desvanecendo lentamente

GOSTOU? Experimente o Teeling Pot Still

REDBREAST 12 ANOS

WHISKY SINGLE POT STILL

40% ABV

SE NÃO ENCONTRAR, use o Powers John's Lane 12 anos

| CORPO 3 | Vencedor do "Whisky Irlandês do Ano" no Irish Whiskey Awards de 2013. |

OURO INTENSO

HORTA DE ERVAS FRAGRANTES; mel doce e aromático com infusão de rosa-mosqueta

CAFÉ MOCHA e marshmallow. Pêssegos maduros, damascos e *crème fraîche*

FINAL LEVE E DOCE com um toque de amargor; sensação aveludada na boca

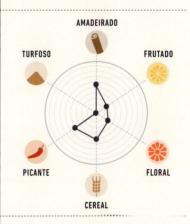

GOSTOU? Experimente o Redbreast 15 anos

DEGUSTAÇÃO 07/20

WHISKYS NORTE- -AMERICANOS

TEM SEMPRE UMA NOVIDADE no mundo do whisky norte-americano. Os Estados Unidos são inovadores e, com cerca de 300 anos de experiência na produção de whisky, desenvolveu muito conhecimento.

O whisky norte-americano vai muito além do bourbon, sua bebida icônica e popular. Whiskys de milho, centeio, trigo e até de malte estão ganhando popularidade, em especial com o surgimento de microdestilarias e whiskys artesanais. As regiões produtoras tradicionais do Tennessee e Kentucky mantêm a importância, mas novos centros de destilação estão surgindo por todo o país.

Os principais tipos reconhecidos de whisky norte-americano, de acordo com o governo dos Estados Unidos, são:

Destilação. Os produtores de whisky escocês usam os mesmos alambiques contínuos para grain whisky, mas destilam até o teor alcoólico de 94,8%, em vez dos 80% permitidos nos Estados Unidos. A diferença pode parecer pequena, mas quanto mais a bebida é purificada e destilada para obter mais álcool, mais sabor é subtraído.

O QUE É É WHISKY "NORTE-AMERICANO"?

Não existe um estilo único de whisky norte-americano, mas várias categorias – milho, centeio e trigo, entre outros, além de variantes e subcategorias. Como eles são feitos e o que os distingue?

UMA BREVE HISTÓRIA

A produção de whisky nos Estados Unidos começou no final do século XVII, quando os colonos escoceses, irlandeses e alemães chegaram. Eles aplicaram todo o conhecimento que tinham sobre destilação de bebidas alcoólicas aos cereais e grãos que encontraram no Novo Mundo; tanto aos conhecidos como aos nem tão conhecidos.

No início, usavam alambiques rudimentares e caseiros e produziam bebidas alcoólicas para consumo próprio. Em geral, os alambiques eram portáteis e viajavam com os imigrantes até se estabelecerem.

Somente em meados do século XIX, com o advento da destilação "contínua" criada pelo irlandês Aeneas Coffey, deu-se início à produção comercial e em larga escala de whisky norte-americano.

CATEGORIAS DE WHISKYS NORTE-AMERICANOS

Os cinco principais estilos de whisky reconhecidos pela lei norte-americana, são:
- Bourbon
- Whisky de centeio
- Whisky de trigo
- Whisky de centeio maltado
- Whisky de milho

Cada um tem a subcategoria "straight", como o "straight bourbon". Além da garantia de que a bebida engarrafada tem no mínimo dois anos (embora a maioria não exiba a idade declarada), "straight" também é aceito como um "selo" de qualidade.

Há também uma série de categorias voltadas para consumidores em busca de opções mais baratas, como "light whiskey" e "blended whisky" (note que é "whisky", não "whiskey", sugerindo uma possível influência escocesa).

Um tipo pouco conhecido de whisky norte-americano é a categoria "bottled-in-bond", criada em 1897 pelo governo para autenticar um whisky não adulterado, já que no fim do século XIX algumas destilarias adicionavam ingredientes como destilados de cereais baratos, iodo ou até tabaco a seus whiskys.

Os bottled-in-bond whiskeys tinham que ser produzidos em uma única

Cereais. Milho, trigo e centeio são os grãos mais usados nos whiskys norte-americanos. O uso de cevada está crescendo por causa da popularização do whisky de malte entre os estadunidenses.

Barris. Com exceção do whisky de milho, todos os tipos de whisky norte-americano usam apenas barris novos de carvalho carbonizado, o que afeta muito o sabor final.

Clima. A variedade de climas nos Estados Unidos resulta em diferentes taxas de maturação.

O QUE É WHISKY "NORTE-AMERICANO"?

destilaria e maturados em galpões controlados pelo governo por pelo menos quatro anos. Os produtores que seguiam essas regras podiam provar que seu produto era puro.

Hoje esta categoria está em processo de revitalização, graças ao movimento do whisky artesanal. Além disso, com o aumento da produção de whiskys de estilos não "tradicionais" dos Estados Unidos, o whisky estilo "norte-americano" se tornou mais difícil de definir.

POR QUE "WHISKEY" E NÃO "WHISKY"?

Ninguém sabe por que as indústrias irlandesas e norte-americanas preferem, em geral, escrever "whiskey", com "e". Segundo uma lenda urbana, os irlandeses, na tentativa de se distanciar dos grain whiskies escoceses (Scottish grain whisky) "inferiores" da época, mudaram a grafia, que depois foi herdada ou também adotada pelos produtores norte-americanos. Mas isso não passa de história. Ou será que é...?

BOURBON — MILHO 51%
CENTEIO — CENTEIO EM GRÃOS 51%
TRIGO — TRIGO 51%
CENTEIO MALTADO — CENTEIO MALTADO 51%
MILHO — MILHO 80%

▲ **AS REGRAS**
Cada tipo de whiskey norte-americano deve conter uma quantidade mínimo de seu grão principal. A principal diferença entre o bourbon e o whiskey de milho é a maneira como são maturados.

VOLUME DE PRODUÇÃO

Os Estados Unidos produzem cerca de 37 milhões de caixas, ou 444 milhões de garrafas, de whisky por ano. É menos que o 1,2 bilhão de garrafas anuais da Escócia, mas as vendas estão crescendo com a popularização do whisky norte-americano.

COM EXCEÇÃO DO WHISKY DE MILHO, TODOS OS TIPOS DE WHISKY NORTE-AMERICANOS USAM APENAS BARRIS NOVOS DE CARVALHO CARBONIZADO

O QUE É WHISKY DE MILHO?

Um estilo em grande parte norte-americano, o whisky de milho está em alta desde a virada do milênio, em parte devido à cena do whisky artesanal dos Estados Unidos, que prefere whiskys mais leves.

O QUE É?

O whisky de milho deve ter pelo menos 80% de milho no mosto, e o restante pode ser de outros grãos, como trigo ou centeio. Geralmente tem 10% de cevada maltada para ajudar na fermentação. O whisky de milho não precisa ser envelhecido, mas, se for, deve ser em barris de carvalho novos e não carbonizados ou em barris de carvalho carbonizados usados. O whisky de milho em um barril novo de carvalho carbonizado se tornará um bourbon.

UM PIONEIRO DO WHISKY

O whisky de milho é o ancestral do bourbon. Os colonos escoceses e irlandeses – que começaram fazendo whisky de centeio na região de onde vieram – descobriram que, no sul e no oeste dos Estados Unidos, o milho era o cereal predominante.

Esses primeiros whiskys foram os ancestrais do whisky de milho não envelhecido moderno, embora frutas e especiarias fossem adicionadas para torná-los mais palatáveis.

WHISKY DE MILHO E BOURBON SÃO A MESMA COISA?

O whisky de milho e o bourbon são similares, feitos em grande parte de milho, e destilados da mesma forma. A diferença está no armazenamento. Pela lei norte-americana, o bourbon deve envelhecer em barris novos de carvalho, enquanto o whisky de milho não precisa ser envelhecido. Isso favorece pequenos produtores artesanais, que podem vender seu whisky de milho logo após a destilação.

QUAL É O GOSTO?

Devido à flexibilidade da maturação do whisky de milho e à mistura de outros grãos, os sabores variam muito. Quando não envelhecido em carvalho, pode ser fresco, doce e amanteigado. Depois de alguns anos em carvalho, torna-se mais complexo e picante, mas mantém o dulçor.

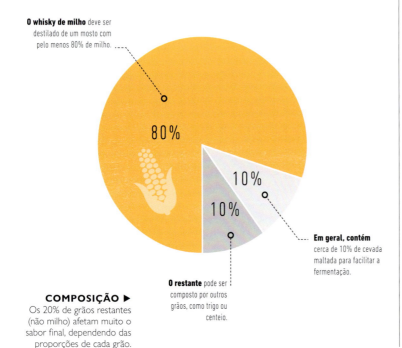

O whisky de milho deve ser destilado de um mosto com pelo menos 80% de milho.

Em geral, contém cerca de 10% de cevada maltada para facilitar a fermentação.

O restante pode ser composto por outros grãos, como trigo ou centeio.

COMPOSIÇÃO ▶
Os 20% de grãos restantes (não milho) afetam muito o sabor final, dependendo das proporções de cada grão.

TIPOS DE MILHO

O whisky de milho não é feito com o milho que vemos nos supermercados, que tem muita água e pouco amido, insuficiente para ser fermentado. Geralmente se usa milho branco, mas destilarias artesanais produzem variedades com os milhos azul e vermelho, que não alteram a cor, mas adicionam sabores sutis.

▲ **Os barris de bourbon** devem ser novos e carbonizados; os barris de whisky de milho devem ser usados ou não carbonizados.

É mais ou menos como as variedades de uvas usadas para fazer diferentes estilos de vinho.

A COR DO MILHO

Quando surgiu, o whisky de milho era produzido ilegalmente como "moonshine", também chamado de "white whiskey" (whisky branco) por não ter cor.

Qualquer bebida destilada, incluindo o whisky, sai do alambique cristalina e incolor e, em teoria, o whisky de milho pode ser engarrafado direto do alambique. Qualquer cor de um whisky de milho provém do tempo que passou no barril. Em geral, quanto mais escuro, maior o tempo de maturação.

O WHISKY DE MILHO E O BOURBON SÃO SIMILARES, FEITOS EM GRANDE PARTE DE MILHO, E DESTILADOS DA MESMA FORMA

O bourbon é feito nos Estados Unidos utilizando um mash bill de milho com qualquer outro cereal (geralmente centeio; às vezes trigo).

O mash bill deve conter pelo menos 51% de milho.

Pode ser destilado em alambiques de pote, alambiques contínuos, ou uma combinação dos dois. Em geral, o bourbon passa por destilação contínua. Muitas destilarias usam um alambique de pote simples (ou um "doubler") para finalizar a bebida.

Deve ser maturado em barris de carvalho novos e carbonizados.

O QUE É BOURBON?

Para muitos, whisky norte-americano equivale a bourbon. Mas o que é o bourbon, como e onde é feito e como se diferencia de outros estilos produzidos nos Estados Unidos? As respostas ajudaram essa bebida a se tornar uma das favoritas do mundo.

UMA HISTÓRIA DO BOURBON

Uma família de nobres franceses (os Bourbon) deixou sua marca no sul dos Estados Unidos, onde tinha colônias. Pense na Bourbon Street, em Nova Orleans, ou no Condado de Bourbon, no Kentucky, onde a forma moderna desse whisky foi produzida a partir do fim do século XIX e onde pode ter adquirido seu nome (ninguém sabe ao certo) para diferenciá-lo do whisky de centeio produzido em outras regiões do país. Também não se sabe quem pensou em armazená-lo em barris de carvalho novos e carbonizados. É provável que os franceses tenham aplicado o envelhecimento do conhaque em barris tostados para fazer bourbon.

◀ **Os bourbons podem ter uma variedade** de sabores. O Maker's Mark, um dos whiskys mais vendidos dos Estados Unidos, está no extremo mais doce do espectro.

80%

Deve ser destilado até o teor alcoólico máximo de 80%.

40%

Deve ser engarrafado com o teor alcoólico mínimo de 40%.

0

Com exceção dos whiskys "straight", não há exigência de envelhecimento.

3+

Na União Europeia, deve ser envelhecido por pelo menos três anos. Em outros países, as regras variam.

Os sabores variam, mas os barris novos e intensamente carbonizados tendem a conferir ao bourbon sabores muito doces, ricos, picantes e com notas fortes de baunilha.

TENNESSEE WHISKEY

O Tennessee, ao lado do Kentucky, produz um whisky muitas vezes confundido com o bourbon. O whisky do Tennessee, incluindo o Jack Daniel's, é filtrado em carvão vegetal antes do envelhecimento, o que lhe confere um sabor mais suave e mais "puro" do que o bourbon. Chamado de "Processo do Condado de Lincoln", esse método foi legalizado em 2013 para diferenciá-lo da produção de bourbon. As destilarias do Tennessee que não usam esse processo ainda podem chamar seu whisky de bourbon.

PLAYERS ANTIGOS E NOVOS

O Kentucky é o berço do bourbon, com a Jim Beam e a Heaven Hill responsáveis por metade da produção dos Estados Unidos. Mas a destilação artesanal levou à produção de excelentes bourbons também em outros estados, como Nova York, Chicago, Utah e Michigan.

Hoje, o bourbon deixou de ser exclusivo do Kentucky ou do sul, tornando-se uma bebida autenticamente norte-americana.

> **O KENTUCKY É O BERÇO DO BOURBON, COM A JIM BEAM E A HEAVEN HILL RESPONSÁVEIS POR METADE DA PRODUÇÃO DOS ESTADOS UNIDOS**

FATOS SOBRE O BOURBON

Em 1964, o governo dos Estados Unidos declarou que o bourbon era o único destilado "nativo" norte-americano.

As destilarias de bourbon e a economia norte-americana se beneficiaram muito desse status.

O número de destilarias do Kentucky cresceu de 8 para 68 entre 2009 e 2018.

Quase 20 mil pessoas são empregadas pela indústria em Kentucky, representando um terço de todos os empregos em destilação do país.

O Kentucky produz 95% do bourbon do mundo.

Em 2018, foram produzidos 1,7 milhão de barris de bourbon, o maior número em quase 50 anos.

Em 2017, a venda de whisky nos Estados Unidos cresceu 8,1%, e gerou uma receita de US$3,4 bilhões.

A HISTÓRIA POR TRÁS DE...

BARRIS

Os barris são cruciais para a produção de whisky, conferindo à bebida grande parte de seu sabor final. Do que são feitos e o que é feito com eles para torná-los adequados ao whisky?

▲ **Carvalho-branco norte-americano.** Um carvalho maduro sendo cortado na região montanhosa de Ozark, nos Estados Unidos, que abrange os estados do Missouri, Arkansas e Oklahoma.

CARVALHO NORTE-AMERICANO NOVO/VIRGEM

O maior mercado para barris de carvalho novos ou virgens é os Estados Unidos, sobretudo para bourbon e whiskys de centeio e de trigo. Por lei, esses três estilos só podem ser armazenados em barris novos e carbonizados, feitos de carvalho-branco norte-americano (*Quercus alba*). As vanilinas e a lignina recém-carbonizadas do carvalho, somadas aos verões quentes e secos do Kentucky, dão ao bourbon seu sabor doce, picante e intenso. Já o estilo escocês raramente usa carvalho novo, que confere sabores intensos demais.

BARRIS DE BOURBON REUTILIZADOS

Barris ex-bourbon são comprados por destilarias de scotch e whiskys ao estilo escocês e irlandês. Embora o produtor do bourbon já tenha extraído os sabores mais intensos, esses barris retêm muitos extratos sutis. Quando um barril ex-bourbon chega à Escócia, ele é enchido pela primeira vez com whisky ("first fill"). Quando esse whisky matura e é engarrafado, o barril recebe seu "second fill", e assim por diante até exaurir os extratos de sabor do barril. Os barris reutilizados também podem ser recarbonizados para serem "reativados".

BARRIS DE CARVALHO EUROPEU E DE VINHO

O whisky escocês com notas picantes e ricas, maturado em barris ex-xerez, é bem diferente do maturado em barris ex-bourbon. Os barris de xerez, feitos de carvalho europeu (*Quercus robur*) ou norte-americano, são tostados em vez de carbonizados, um processo mais suave que permite que o xerez penetre na madeira. Esse resíduo afeta o sabor do whisky maturado nesses barris. O mesmo se aplica a barris usados para vinho do Porto, Madeira e vinho.

Como os barris ex-xerez são caros, alguns whiskys são maturados primeiro em barris ex-bourbon por até 10 anos e finalizados em barris de xerez por 6 a 24 meses. Assim, os barris ex-xerez duram mais enquanto conferem sabor aos whiskys. Isso é chamado de "finalização em madeira" ou "dupla maturação".

CARVALHO JAPONÊS

Também conhecido como *Quercus mongolica* ou mizunara, o carvalho japonês é muito valorizado por conferir características doces e fragrâncias aromáticas. Por não ser sustentável, as destilarias japonesas o usam para finalizar apenas alguns whiskys e, em geral, utilizam barris ex-bourbon e ex-xerez.

FORMATOS E TAMANHOS DE BARRIS

"Hogsheads", "butts" e "pipes" são palavras estranhas que se referem ao tamanho de barris de bebidas destiladas.

Há oito tamanhos "padrão" de barril, mas esses quatro são os mais usados.

200 LITROS (44 GALÕES) — **ASB – American Standard Barrel** — Estados Unidos, resto do mundo

250 LITROS (55 GALÕES) — **Ex-Bourbon Hogshead** — Escócia, Irlanda, resto do mundo

500 LITROS (110 GALÕES) — **Ex-Sherry Butt** — Escócia, Irlanda, resto do mundo

600 LITROS (132 GALÕES) — **Ex-Port Pipe** — Escócia, Irlanda, resto do mundo

◀ **Barris de bourbon** sendo inspecionados. Depois da primeira produção de bourbon, muitos são enviados à Escócia, onde serão usados para maturar whiskys de malte e de grãos.

DEGUSTAÇÃO

08 / 20

BOURBONS

LARCENY STRAIGHT BOURBON

BARDSTOWN, KENTUCKY

46% ABV

Você vai explorar quatro bourbons muito diferentes para conhecer melhor esse estilo tão importante de whisky norte-americano.

SE NÃO ENCONTRAR, use o Maker's Mark

CORPO 3

68% milho, 20% trigo, 12% cevada maltada.

A DEGUSTAÇÃO

O bourbon, devido à forma como é produzido e maturado, tem menos variações "regionais" do que, digamos, os single malts escoceses. Mas há diferenças. Os exemplos aqui, da esquerda para a direita, são: um bourbon "com trigo", dois whiskys com predominância de milho e um bourbon com alto teor de centeio. Adicione gelo depois de degustar. Esses whiskys foram feitos para serem bebidos assim.

A LIÇÃO

Esses whiskys são muito intensos e não será fácil discernir seus sabores. Não se preocupe se você sentir pouca — ou nenhuma — diferença entre eles. Os bourbons, por natureza, são parecidos, mas nunca iguais. A ideia é encontrar essas nuances; não se apresse em descartar suas impressões nem os whiskys.

ÂMBAR PÁLIDO

SEMENTE DE ANIS SUAVE; doçura moderada de baunilha e especiarias. Aroma leve e fresco de folhas

AGRIDOCE, alcaçuz mastigável; ervas secas; especiarias sutis e bem integradas

BASTANTE SECO, mas com final acidulado, fresco e de média persistência

MAPA DE SABORES

OS BOURBONS, POR NATUREZA, SÃO PARECIDOS, MAS NUNCA IGUAIS

GOSTOU? Experimente o Old Fitzgerald 1849

GEORGE DICKEL NO.12 TENNESSEE WHISKEY

TULLAHOMA, TENNESSEE

45% ABV

SE NÃO ENCONTRAR, use o Jack Daniel's Gentleman Jack

CORPO	
3	75% milho, 13% centeio, 12% cevada maltada.

COBRE POLIDO

MARSHMALLOWS TOSTADOS; cereja ácida; um toque de graxa de sapato(!)

ACIDULADO, CEREJA ÁCIDA, com um toque de chocolate amargo e escuro e pimenta-branca

FINAL CURTO, DOCE com notas de pimenta

GOSTOU? Experimente o Jack Daniel's Single Barrel

MICHTER'S US*1 BOURBON

LOUISVILLE, KENTUCKY

50% ABV

SE NÃO ENCONTRAR, use o Evan Williams Single Barrel

CORPO	
4	79% milho, 11% centeio, 10% cevada maltada.

ÂMBAR INTENSO

NOTAS SUTIS DE ACETONA; chocolate doce e caramelo; especiarias suaves

FUMAÇA DE CHARUTO; cerejas e ameixas embebidas em álcool; expresso com creme

FINAL LONGO E PICANTE; sensação na boca oleosa e aromática

GOSTOU? Experimente o Elijah Craig Small Batch

FOUR ROSES SB BOURBON

LAWRENCEBURG, KENTUCKY

50% ABV

SE NÃO ENCONTRAR, use o Bulleit Bourbon

CORPO	
4	60% milho, 35% centeio, 5% cevada maltada.

ÂMBAR DOURADO

MELAÇO ESCURO, balas de menta após o jantar; especiarias com notas de pimenta; notas florais; chocolate quente cremoso

FRUTAS ESCURAS MACERADAS COM ESPECIARIAS seguidas de chocolate com menta e pimenta-preta desidratada

FINAL LONGO E SECO; picância persistente

GOSTOU? Experimente o Woodford Reserve

DEGUSTAÇÃO 08/20

Também produzido no Canadá, Dinamarca, Holanda e Alemanha, o whisky de centeio é mais associado aos Estados Unidos.

O whisky de centeio é feito com uma proporção de centeio e qualquer outro cereal (em geral milho e cevada maltada). O mash bill deve conter pelo menos 51% de milho.

Pode ser destilado em alambiques de pote, alambiques contínuos, ou uma combinação dos dois.

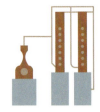

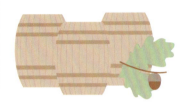

Deve ser maturado em barris de carvalho novos e carbonizados.

O QUE É WHISKY DE CENTEIO?

Até recentemente, o whisky de centeio (rye whiskey) era visto como o primo pobre do bourbon e de outros whiskys norte-americanos. Mas novos produtores estão mostrando como o whisky de centeio pode ser bom.

UMA BREVE HISTÓRIA DO CENTEIO

O whisky de centeio foi o primeiro tipo produzido pelos colonos europeus nos Estados Unidos, uma vez que esse cereal, que gostava de climas mais frios, predominava na Pensilvânia e em Maryland, no nordeste do país. Os colonos, que tinham experiência com centeio na Europa, criaram o Monongahela Rye em homenagem ao rio de mesmo nome na Pensilvânia com uma proporção rica em centeio; já o Maryland Rye continha mais milho, resultando em um estilo mais leve e doce.

Embora hoje o bourbon seja visto como o whisky típico norte-americano, o de centeio foi o estilo original e favorito do país. Aliás, em 1797 o presidente George Washington montou uma destilaria em Mount Vernon, sua propriedade na Virginia, para produzir whisky de centeio. A destilaria produz até hoje, mas só edições limitadas.

O CENTEIO PERDE PRESTÍGIO

Em 1791, um imposto sobre destilados forçou produtores de

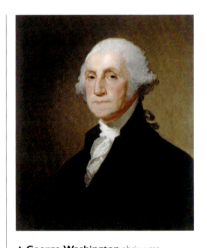

▲ **George Washington** abriu uma destilaria para produzir whisky de centeio no mesmo ano em que se aposentou da presidência dos Estados Unidos.

centeio do nordeste dos Estados Unidos a transferir a produção para o Kentucky. No século XIX, produtores de milho norte-americanos receberam subsídios, mas não os produtores de centeio. A produção de centeio sofreu ainda mais com a Lei Seca de 1920. O álcool ilícito que os consumidores norte-americanos podiam obter tendia a ser mais leve,

80%

Deve ser destilado até o teor alcoólico máximo de 80%.

40%

Deve ser engarrafado no teor alcoólico mínimo de 40%.

0

Não há exigência de envelhecimento mínimo nos Estados Unidos e Canadá.

3+

Na União Europeia, deve ser envelhecido por pelo menos três anos. Em outros países, as regras variam.

EMBORA HOJE O BOURBON SEJA VISTO COMO O WHISKY TÍPICO NORTE-AMERICANO, O DE CENTEIO FOI O ESTILO ORIGINAL E FAVORITO DO PAÍS

▼ **O coquetel Sazerac** foi criado no fim do século XIX em Nova Orleans. É uma mistura inebriante de whisky de centeio, bitters, casca de limão, açúcar e absinto.

como o escocês, o canadense e blends norte-americanos. Quando a Lei Seca foi revogada em 1933, o whisky de centeio não se recuperou.

CENTEIO EM ASCENSÃO

Há uma nova onda de interesse pelo whisky de centeio em todo o mundo. Destiladores artesanais abriram o caminho, seguidos pelas grandes destilarias do Kentucky.

É improvável que o whisky de centeio seja uma ameaça às vendas de bourbon ou whisky do Tennessee, como aconteceu no passado, mas é animador ver a revitalização desse estilo histórico, com seu caráter picante, terroso e aromático, reconquistando o prestígio perdido.

DEGUSTAÇÃO 09/20

WHISKYS DE CENTEIO

WILD TURKEY WHISKY DE CENTEIO

LAWRENCEBURG, KENTUCKY

40,5% ABV

Os whiskys de centeio são bem conhecidos nos Estados Unidos e estão se popularizando também em outros países. Esta degustação investiga o que esse estilo picante e interessante tem a oferecer.

SE NÃO ENCONTRAR, use o Pikesville Rye

CORPO 3 | 51% centeio, 37% milho, 12% cevada maltada.

A DEGUSTAÇÃO

Com o whisky de centeio em alta, esta é a hora de provar – sobretudo porque hoje é fácil encontrá-lo. Se quiser adicionar gelo depois de degustar puro, fique à vontade. Eles foram feitos para ser bebidos assim.

A LIÇÃO

Pode ser difícil identificar com precisão as diferenças entre os whiskys desta degustação. Não se preocupe, pois isso seria um desafio até para o degustador mais experiente. A ideia é mostrar que os whiskys de centeio são uma "família" à parte, com um conjunto unificado de sabores picantes e notas de especiarias. Vai levar um tempo para detectar as diferenças por trás desses sabores dominantes.

 ÂMBAR PÁLIDO

 BAUNILHA CREMOSA E CÍTRICOS, com notas de pimenta e picantes do centeio ao fundo

 SUTIL, MAIS SECO, com notas de pimenta. Frutas doces do pomar e baunilha suave

 FINAL MÉDIO com baunilha doce persistente

> OS WHISKYS DE CENTEIO SÃO UMA "FAMÍLIA" DISTINTA, COM UM CONJUNTO UNIFICADO DE SABORES PICANTES E NOTAS DE ESPECIARIAS

 GOSTOU? Experimente o Peerless Rye

RITTENHOUSE BOTTLED IN BOND STRAIGHT RYE

BARDSTOWN, KENTUCKY
50% ABV

SE NÃO ENCONTRAR, use o Catoctin Creek Roundstone Rye 92

| CORPO 4 | 51% centeio, 35% milho, 14% cevada maltada. |

ÂMBAR PÁLIDO

DOCE, ameixa em infusão no álcool. Menta e frutas cítricas se misturam com notas sutis de baunilha

NOTAS SUAVES DE NOZES, seguidas de tiramisu; chocolate amargo com pimenta, coco, pimenta-branca

FINAL LONGO E FRESCO, Sensação aveludada na boca

GOSTOU? Experimente o Jack Daniel's Rye

FEW SPIRITS WHISKY DE CENTEIO

EVANSTON, ILLINOIS
46,5% ABV

SE NÃO ENCONTRAR, use o Russell's Reserve 6 anos

| CORPO 4 | 70% centeio, 20% milho, 10% cevada maltada. |

ÂMBAR INTENSO

AROMÁTICO, COMPLEXO, com notas de nozes. Marzipã. Cítricos suaves equilibram a doçura

CREME DE LIMÃO; hortelã ou eucalipto. Cardamomo, amêndoas defumadas, pimenta

FINAL LONGO E COMPLEXO. Bom equilíbrio entre doce e seco

GOSTOU? Experimente o New York Ragtime Rye

RESERVOIR WHISKY DE CENTEIO

RICHMOND, VIRGÍNIA
50% ABV

SE NÃO ENCONTRAR, use o Sonoma Distilling Co. Rye

| CORPO 5 | 100% centeio. |

CASTANHO-AMARELADO

ESPECIARIAS RICAS, fragrantes. Canela, anis. Compota intensa de morango

TEXTURA RICA QUE PREENCHE O PALADAR. Donut suntuoso e reconfortante de geleia, com um equilíbrio marcado por notas de pimenta

FINAL LONGO com acidez frutada e ligeira oleosidade com notas de pimenta

GOSTOU? Experimente o Koval Rye

DEGUSTAÇÃO 09/20

◀ **O Dillon's, de Ontário,** envelhece seu whisky de centeio "Three Oaks" em três tipos diferentes de barris de carvalho por no mínimo três anos.

WHISKY DE CENTEIO NO CANADÁ E NA EUROPA

Mas o whisky de centeio não é norte-americano? Sim, mas os Estados Unidos não têm o monopólio do centeio. O centeio também é usado no Canadá e na Europa, e é um estilo que está ganhando popularidade.

WHISKY DE CENTEIO CANADENSE

A produção no Canadá começou no fim do século XVIII, com colonos europeus destilando rum. O whisky só foi adotado quando os colonos se mudaram para o oeste, o que dificultava a importação de melaço caribenho para o rum.

No começo, o principal grão era o trigo, devido à sua natureza leve e doce, mas o centeio, mais picante, foi incluído aos poucos na receita a pedido de consumidores que buscavam mais personalidade. Assim surgiu o "rye whisky", que se tornou sinônimo de whisky canadense.

Oficialmente, o whisky de centeio canadense é um destilado feito de uma mistura de grãos de cereais que deve ser envelhecido em barris pequenos por ao menos três anos. Não precisa conter uma alta proporção de centeio, (ao contrário do norte-americano, por exemplo), o que permite uma grande variação do teor desse grão entre os rótulos.

O WHISKY CANADENSE, MAIS LEVE E MAIS INTENSO, CAIU NO GOSTO DOS CONSUMIDORES NORTE-AMERICANOS

CHEGANDO AOS EUA

O whisky canadense, mais leve e menos intenso, caiu no gosto dos consumidores norte-americanos e vendeu mais do que whiskys produzidos nos Estados Unidos, antes, durante e muito depois da Lei Seca. Suas características fizeram dele particularmente adequado ao cenário dos coquetéis após a Lei Seca, por exemplo.

WHISKY DE CENTEIO EUROPEU

Os primeiros whiskys de centeio podem ter sido destilados na Europa. O centeio é tipicamente europeu e já era destilado por lá muito antes dos Estados Unidos ou Canadá. O centeio também é um grão resistente, mais capaz de suportar condições climáticas adversas e doenças do que a maioria das outras culturas. Mas não se destacou entre os whiskys escoceses e irlandeses à base de malte que dominaram o mundo.

MANUSEIE COM CUIDADO

É difícil trabalhar com o centeio, que facilmente se transforma em uma massa pegajosa e viscosa, imprópria para a destilação. Em termos de vinho, é o Pinot Noir do mundo do whisky, pois é muito difícil acertar.

Mas, apesar dos desafios, houve um renascimento dos estilos de whisky de centeio fora da América do Norte. Destilarias europeias, algumas na Escócia, resolveram correr o risco. A austríaca J.H. Distillery, por exemplo, produz a bebida há mais de 20 anos, e a alemã Spreewood é uma das que está apenas começando.

> ### CULTIVADO LOCALMENTE?
>
> **Nenhum whisky de centeio pode ser mais norte-americano que o Wild Turkey.**
>
> Abra uma garrafa e sinta o aroma: é o resumo de um Kentucky Rye. Mas, curiosamente, destilarias norte-americanas como a Wild Turkey compram centeio da Alemanha, o que pode ter incentivado produtores alemães, especialmente com o boom do whisky artesanal, a produzir seus próprios whiskys de centeio.

Destilarias inglesas, como a Oxford Artisan Distillery (TOAD) e a Norfolk's English Whisky Co., também estão testando o centeio. Conforme os sabores do whisky se diversificam e evoluem, o estilo "rye" tem sido um dos principais beneficiários dessas mudanças.

◀ **A St George's Distillery,** em Roudham, Norfolk, na Inglaterra, lançou em 2017 sua edição limitada de whisky single grain à base de centeio, o Malt 'n' Rye.

  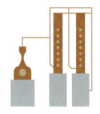 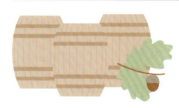

O trigo é o cereal predominante usado em grain whiskies escoceses, mas nosso foco aqui será a versão norte-americana.

O whisky de trigo usa uma receita (mash bill) com trigo e qualquer outro cereal (geralmente milho e cevada maltada). Deve conter pelo menos 51% de milho.

Pode ser destilado em alambiques de pote, alambiques contínuos, ou uma combinação dos dois.

Deve ser maturado em barris de carvalho novos e carbonizados.

O QUE É WHISKY DE TRIGO?

Ao contrário do bourbon ou do whisky de centeio, o whisky de trigo é relativamente novo, associado à produção artesanal norte-americana. Sua popularidade aumenta conforme os fabricantes aprimoram a técnica.

UMA BREVE HISTÓRIA DO TRIGO

A ideia de whiskys comerciais com um mash bill em grande parte de trigo é recente, mas o trigo tem sido usado para fazer whisky nos Estados Unidos, sobretudo bourbon, há anos.

O custo era a principal razão para o trigo não ser tão utilizado quanto o milho ou o centeio, além da demanda para a produção de farinha e pão. Vale lembrar que o whisky já foi um subproduto agrícola, feito de restos de cereais. Os agricultores não queriam "desperdiçar" colheitas valiosas, como a de trigo, para fazer whisky.

O CRESCIMENTO DO TRIGO

O trigo é um dos ingredientes dos mash bills de várias marcas consolidadas, como Maker's Mark,

◀ **Um acre** (0,4 hectare) de trigo produz cerca de uma tonelada métrica de grãos, resultando em até 400 litros de destilado por tonelada. São 533 garrafas de whisky de 750ml.

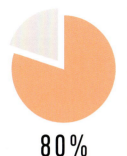
80%
Deve ser destilado até o teor alcoólico máximo de 80%.

40%
Deve ser engarrafado no teor alcoólico mínimo de 40%.

0
Não há exigência de envelhecimento mínimo nos Estados Unidos e Canadá.

3+
Deve ser envelhecido por pelo menos 3 anos para ser vendido fora da América do Norte.

Heaven Hill's Old Fitzgerald e Buffalo Trace, com seu Pappy Van Winkle.

Muitos deles têm alta demanda devido à predominância de trigo, que muitos consumidores preferem ao centeio, por ser mais leve e menos "desafiador".

QUEM SÃO OS PRODUTORES?

Os whiskys de trigo são raros em comparação ao bourbon e ao whisky de centeio. Apenas uma destilaria consolidada no Kentucky produz whisky de trigo: a Heaven Hill's, com seu Bernheim "Original". Quem mais produz whisky de trigo são as destilarias artesanais menores, mais dispostas a experimentar diferentes grãos, como a Dry Fly, no estado de Washington, e a Sonoma County Distilling, na Califórnia.

Algumas poucas destilarias também estão testando cereais incomuns, como o triticale (um híbrido de trigo e centeio). O whisky de trigo ainda não é muito popular, mas pode chegar lá.

QUAL É O GOSTO?

O whisky de trigo tem um perfil muito mais leve e doce do que o de centeio, por exemplo. Pode ser por isso que está se popularizando como um estilo próprio, com as pessoas buscando algo mais "descontraído" para beber.

Tende a apresentar sabores suaves, notas frutadas delicadas e uma doçura amanteigada.

▼ **A Dry Fly** produz uma variedade de whiskys. Seu whisky de trigo Cask Strength Straight Wheat Whiskey é seu campeão de vendas.

OS PRINCIPAIS PRODUTORES DE WHISKY DE TRIGO SÃO AS DESTILARIAS ARTESANAIS MENORES, MAIS DISPOSTAS A EXPERIMENTAR

A HISTÓRIA POR TRÁS DE...

O MOVIMENTO DO WHISKY ARTESANAL

Você já deve ter ouvido falar do movimento global do whisky artesanal. Mas o que exatamente é esse movimento? Qual é a diferença entre os whiskys artesanais e os comerciais?

▲ **Rebeldia e negócios.** Embora totalmente legal, o movimento do whisky artesanal se inspira nos contrabandistas norte-americanos da época da Lei Seca.

É um mercado vibrante, com um toque de "moonshine", mas os whiskys artesanais são tão legítimos quanto todos os outros e estão sujeitos às mesmas leis de destilação e maturação.

O QUE É WHISKY ARTESANAL?

Um whisky artesanal em geral é produzido em pequena escala por entusiastas dedicados a fazer experimentos com limites técnicos ou recriar whiskys do passado. Mas cuidado com os oportunistas que compram whisky de destilarias conhecidas, colocam um rótulo chamativo chamando a bebida de "whisky artesanal" e vendem para clientes desavisados.

A menos que tenham apoio financeiro, os produtores de whisky artesanal geralmente reservam parte de sua produção para fabricar gim ou vodca, que podem ser feitos e vendidos rapidamente, gerando renda e ajudando a construir a marca enquanto o whisky matura.

A INOVAÇÃO NORTE-AMERICANA

Tudo começou com alguns pequenos produtores fazendo experimentos. Os destilados que eles produziam nem sempre eram os típicos de seu próprio estado nem dos Estados Unidos. Muitos focaram em produzir single malts, por exemplo, embora o bourbon também tenha entrado na onda. Em 2010, havia cerca de 200 destilarias artesanais nos Estados Unidos; em 2017, mais de 1.500. A maioria vende seus produtos na própria fábrica, reforçando sua "autenticidade", mas dificultando a expansão. As destilarias artesanais em geral só são conhecidas localmente, mas algumas alcançaram renome nacional ou internacional, como a Balcones do Texas, a KOVAL de Chicago, a High West de Utah e a FEW de Illinois.

O MOVIMENTO ARTESANAL NO MUNDO

Embora populares na Europa, muitas destilarias europeias não se autodenominam "artesanais", talvez pelo desejo de um dia entrar para o mercado global. A Alemanha é um polo de produção de whisky em pequena escala. Entre os mais de 200 produtores estão a Spreewood, de Berlim, e a Hammerschmiede, na região norte de Harz. No Reino Unido, a Daftmill, em Fife, e a Cotswolds Distillery, de Cotswolds, são apenas dois exemplos da rede crescente de whisky "artesanal".

▲ **Espírito pioneiro.** A Spreewood é a destilaria mais antiga da região de Berlim e a primeira a produzir whisky de centeio na Alemanha.

◀ **Técnica e arte.** A destilação artesanal envolve preparar os grãos com habilidade e, muitas vezes, arte.

DEGUSTAÇÃO 10/20

PRINCIPAIS ESTILOS DOS ESTADOS UNIDOS

Esta degustação vai ser interessante. Prove os quatro principais estilos tradicionais de whisky estadunidenses lado a lado e sinta as diferenças. A variedade de experiências de sabor é grande.

A DEGUSTAÇÃO

Whiskys de milho, trigo, centeio e bourbon têm histórias, métodos de produção e sabores próprios. A ideia é ver se, e como, cada whisky difere dos outros. Comece pela esquerda, cheire os whiskys primeiro e depois prove, talvez adicionando água ou gelo aos poucos.

A LIÇÃO

É provável que o whisky que vai se destacar é o de milho, que tem as próprias regras de maturação; ou o de centeio, devido ao sabor muito particular. O que importa é detectar as diferenças entre os quatro estilos. Deguste mais quatro whiskys de cada categoria e você encontrará outras quatro diferenças, lhe dando uma ideia da gama de sabores em cada estilo.

VEJA SE, E COMO, CADA WHISKY DIFERE DOS OUTROS

BERNHEIM WHEAT WHISKY DE TRIGO

BARDSTOWN, KENTUCKY

46,5% ABV

SE NÃO ENCONTRAR, use o Dry Fly Washington Wheat

CORPO 2 — 51% trigo, 37% milho, 12% cevada maltada.

OURO INTENSO

DONUTS FRESCOS E DOCES, bolo de gengibre com notas de especiarias

TOFFEE CROCANTE, frutas vermelhas; notas ligeiramente salgadas e de umami, como bacon não defumado

FINAL CURTO, SECO e picante

MAPA DE SABORES

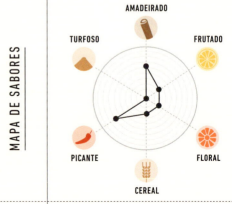

GOSTOU? Experimente o Reservoir Wheat

MELLOW CORN WHISKY DE MILHO

BARDSTOWN, KENTUCKY

50% ABV

SE NÃO ENCONTRAR, use o Balcones Baby Blue

| CORPO 3 | 80% milho, 8% centeio, 12% cevada maltada |

PALHA DOURADA

LEVE E FRESCO, essência sutil de baunilha, pipoca doce

DOÇURA SUAVE E DELICADA, suntuoso e com notas de especiarias

FINAL LEVE, REFRESCANTE e curto

GOSTOU? Experimente o Platte Valley 3 anos

WOODFORD RESERVE DS BOURBON

VERSAILLES, KENTUCKY

43,2% ABV

SE NÃO ENCONTRAR, use o Angel's Envy Bourbon

| CORPO 4 | 72% milho, 18% centeio, 10% cevada maltada |

ÂMBAR INTENSO

AÇÚCAR DE CONFEITEIRO, limão caramelizado, leves notas de pimenta, herbáceo

CREME INGLÊS, creme aveludado de baunilha com um toque de pimenta-branca

DELICADO, DOCE e sem fim à vista

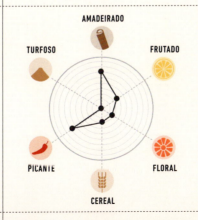

GOSTOU? Experimente o Bulleit Bourbon 10 anos

KOVAL RYE SB WHISKY DE CENTEIO

CHICAGO, ILLINOIS

40% ABV

SE NÃO ENCONTRAR, use o Bulleit Rye

| CORPO 5 | 100% centeio |

ÂMBAR QUEIMADO

MARSHMALLOW DE CHOCOLATE; xaxim e mato queimados; toffee infundido com frutas

PERA E PÊSSEGO SUCULENTOS, ligeiramente defumados e com notas de especiarias. Notas de delícia turca

LONGO, DOCE, elegante e com suaves notas de pimenta

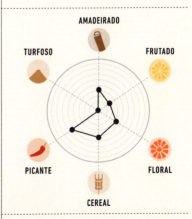

GOSTOU? Experimente o Jack Daniel's Rye

CAPÍTULO 4

APRECIE O LOCAL

DE SEU BERÇO na Escócia e Irlanda, a produção de whisky se espalhou pelo mundo: para os Estados Unidos, como vimos, e além. Neste capítulo navegaremos pelo cenário atual da produção de whisky, percorrendo países, estados e regiões para explorar diferentes whiskys, desde startups e destilarias "artesanais" até os fabricantes mais conhecidos e consolidados. Durante a viagem, veremos como o local e a história afetam a bebida e qual pode ser o futuro do whisky.

ESCÓCIA

O DEBATE sobre as origens do whisky serem celtas ou caledônias é interminável. Mas, para a maioria, o lar espiritual do whisky é a Escócia. A variedade e a qualidade de seus whiskys são o que o resto do mundo ambiciona. Sua tradição tem uma profundidade, amplitude e longevidade com as quais as outras nações só podem sonhar.

Concorrentes já surgiram e desapareceram. Novas nações estão em alta. Mas a Escócia perdura. E evolui. As destilarias escocesas poderiam, dada sua força e linhagem, apenas manter a tradição. Mas estão investindo no futuro. Destilarias consolidadas e novas estão sempre inovando, buscando maneiras de aprimorar e melhorar os mundialmente famosos single malts, os deliciosos grain whiskies e os blends incríveis que fazem da Escócia a potência mundial do whisky.

As cinco regiões produtoras de whisky da Escócia ocupam um território sem igual, abrangendo a beleza selvagem das Highlands & Ilhas Escocesas (na foto à esquerda, Glencoe), as Lowlands onduladas, a histórica Campbeltown, a "ilha do whisky" de Islay e a sempre popular Speyside.

LOWLANDS

Injustamente vista por muitos como "inferior" a, digamos, as Highlands, esta região da Escócia produz excelentes single malts.

PRIMEIRA PRODUÇÃO DE WHISKY
Fim do século XV

PRINCIPAL ESTILO DE WHISKY
Single malt

PRINCIPAIS DESTILARIAS
- Auchentoshan
- Bladnoch
- Glenkinchie
- Daftmill
- Clydeside

NÚMERO DE DESTILARIAS 20

LEGENDA

ALAMBIQUE DE POTE

LOCALIZAÇÃO

SINGLE MALT 12 ANOS
AUCHENTOSHAN
Whisky de tripla destilação feito em Glasgow

DAFTMILL
Uma das mais novas e menores destilarias da Escócia

GLASGOW DISTILLERY
Fundada em 2014 no noroeste da cidade

LINDORES ABBEY
Reaberta em 2017, após 523 anos fechada

EDEN MILL
Destilaria premiada de St Andrews

KINGSBARNS
Situada em um antigo galpão de fazenda abandonado

CLYDESIDE
Sediada em Docklands, usa a água do Loch Katrine

BLADNOCH
A destilaria mais ao sul da Escócia

"ADELA" SINGLE MALT 15 ANOS

GLENKINCHIE
Destilaria pertencente à Diageo perto de Edimburgo

Merrick, o pico mais alto da Southern Uplands, com 843m

Southern Uplands, que inclui as colinas Cheviot, Moffat e Moorfoot

Rio Clyde · Grangemouth · Linlithgow · Gifford · Edimburgo · Glasgow · LOWLANDS · Rio Tweed · Girvan · Dumfries · Rio Nith

LOCALIZAÇÃO

Em termos de whisky, as Lowlands escocesas são separadas das Highlands por uma fronteira que vai de Greenock a Dundee.

Essa linha imaginária foi demarcada e confirmada pela Scottish Whisky Association (SWA) em 2009. Não confunda com a vizinha "Highland Fault Line", uma especificação geológica que descreve uma série de rupturas tectônicas entre as duas regiões, o que ajuda a explicar suas diferentes topografias. Grande parte das Lowlands é plana e excelente para a agricultura. A maioria da cevada escocesa para malte é cultivada nessa região, inclusive em uma destilaria, a fazenda Daftmill, em Cupar.

AS DESTILARIAS

Até recentemente, era possível contar nos dedos de uma das mãos as destilarias de single malt das Lowlands.

Apesar de alguns grandes nomes históricos associados à região, como St Magdalene, Littlemill e Rosebank, muitas das novas destilarias escocesas foram abertas em áreas mais "badaladas". Porém, o cenário está mudando, com nomes como a Clydeside Distillery, Glasgow Distillery, Eden Mill, Lindores Abbey e Kingsbarns se unindo à Daftmill, destilaria que iniciou, sem alarde, a atual "revolução" das Lowlands em 2005. As destilarias consolidadas de Auchentoshan, Glenkinchie e Bladnoch enfim têm novos vizinhos.

▲ **A Clydeside Distillery,** inaugurada em 2017, foi a primeira nova destilaria de single malt de Glasgow em mais de 100 anos.

HISTÓRICO

As Lowlands eram uma referência do método irlandês de tripla destilação.

Mas a prática estava quase desaparecida quando, em 1886, o historiador Alfred Barnard realizou seu famoso estudo sobre as destilarias escocesas e irlandesas. Hoje, apenas a Auchentoshan usa a tripla destilação. Na época da pesquisa, os consumidores já não apreciavam os whiskys das Lowlands, considerados mais leves e menos sofisticados que os single malts das Highlands. Apenas a Auchentoshan e a Glenkinchie sobreviveram, seguidas pela Bladnoch, que foi reaberta nos anos 1990. Nos últimos tempos, uma nova geração de destilarias chegou à região.

▲ **Campos de cevada** compõem grande parte da paisagem das Lowlands, em contraste com as montanhosas Highlands.

▲ **O produto de Auchentoshan** foi apelidado de "whisky de café da manhã" devido ao sabor doce e delicado.

HIGHLANDS E ILHAS ESCOCESAS

Essa região sempre esteve na vanguarda da produção de whisky, com destilarias consolidadas produzindo mais whisky do que nunca e novas destilarias conquistando seu próprio nicho. Mas o que diferencia a região?

PRIMEIRA PRODUÇÃO DE WHISKY
Século XV

PRINCIPAL ESTILO DE WHISKY
Single malt

PRINCIPAIS DESTILARIAS
- Highland Park
- Talisker
- Glenmorangie
- Glendronach
- Old Pulteney

NÚMERO DE DESTILARIAS
Aprox. 40

TALISKER
A destilaria mais antiga em atividade na Ilha de Skye
DISTILLER'S EDITION

DORNOCH
Fundada em 2016 e financiada por crowdfunding

HIGHLAND PARK
Com sede em Orkney, é a destilaria mais ao norte da Escócia
"VIKING HONOUR"

OLD PULTENEY
Destilaria autointitulada "Maritime Malt"

GLENMORANGIE
Single malt mundialmente famoso

SINGLE MALT 18 ANOS
GLENDRONACH
Uma das destilarias mais antigas da Escócia, fundada em 1826

North-west Highlands, muitos picos cobertos por geleiras

Ullapool
Lairg
Invergordon
Inverness
Aviemore
Loch Ness
Fort William

A Cordilheira de Grampian inclui os Cairngorms e Lochaber

Ben Nevis é a montanha mais alta da Grã-Bretanha (1.345m)

HIGHLANDS & ILHAS ESCOCESAS

DALWHINNIE
A destilaria na maior altitude da Escócia, em Cairngorms

GLENGOYNE
A destilaria mais ao sul das Highlands

LEGENDA
ALAMBIQUE DE POTE

LOCALIZAÇÃO

104
APRECIE O LOCAL

LOCALIZAÇÃO

As Highlands têm uma das topografias mais ricas e diversificadas da Escócia.

Colinas e montanhas dramáticas, pontilhadas por longos vales e lagos (os "lochs") esculpidos por geleiras, dominam o norte e o oeste, descendo em direção a áreas costeiras mais planas. Essa região produtora de whisky abrange Orkney, Shetland e as Ilhas Ocidentais (exceto Islay), encapsuladas na beleza selvagem da vulcânica Ilha de Skye. O clima é temperado, mas muda muito, e é comum ter "quatro estações em um dia".

▶ **Castelo de Eilean Donan** nas Highlands Ocidentais, com vista para a Ilha de Skye.

HISTÓRICO

Até o início do século XIX, as Highlands eram a prima pobre da indústria do whisky escocês.

Em contraste com as Lowlands, mais tranquilas, as Highlands abrigavam muitos alambiques ilícitos. A topografia ajudava, facilitando para as destilarias ilegais se esconderem e disfarçarem suas atividades, e dificultando para as autoridades encontrá-los. Mas, conforme os whiskys ganharam reputação e popularidade, as destilarias das Highlands evoluíram. A Lei de Impostos de 1823 teve um grande impacto, legitimando a fabricação de whisky na Escócia e ajudando a tornar o single malt das Highlands o fenômeno regional e global de hoje.

AS DESTILARIAS

Há mais de 40 destilarias de malte espalhadas por essa vasta região.

▲ **Dalwhinnie** fica na divisa das regiões de Highland e Speyside, mas é classificada como uma destilaria de Highland.

Assim como a topografia, os whiskys das Highlands são variados. A região satisfaz todos os gostos: nela são produzidos, por exemplo, os suaves e frutados Glengoynes e Dalwhinnies; o robusto Pulteney (ou Old Pulteney, para dar o nome apropriado à marca); o rico e picante Glendronach e os turfosos e até explosivos Ardmore e Talisker. Há também novas destilarias, com whiskys sendo produzidos na cidade de Dornoch e várias outras. É uma região próspera e em alta.

ESCÓCIA

105

A HISTÓRIA POR TRÁS DE...

TURFA E WHISKY

A turfa e o whisky escocês têm uma longa história. Mas o que é essa substância orgânica que parece estar em algum ponto entre a terra e o carvão? E como é usada para dar um caráter defumado ao whisky?

O QUE É TURFA?

A turfa é uma matéria orgânica decomposta comprimida e desenvolvida por séculos ou até milênios. Com mais alguns milhões de anos, ela se transformará em carvão. Cresce em áreas úmidas, cobrindo 3% da superfície do planeta. Na Escócia e na Irlanda, foi e ainda é usada como fonte de aquecimento. É extraída, cortada em briquetes, secada ao ar livre e queimada em fogueiras. As primeiras destilarias de whisky escocês secavam a cevada em fogueiras de turfa. Ao queimar, a turfa produz uma fumaça espessa e rica, cheia de compostos fenólicos que são absorvidos pela casca da cevada ainda úmida. É esse processo que dá à cevada, depois ao mosto, depois ao "wash" e, por fim, ao destilado, o aroma defumado e medicinal pelo qual alguns whiskys single malt escoceses são conhecidos. Entre os whiskys escoceses turfados mais conhecidos estão o Laphroaig, Bowmore, Talisker, Ardbeg, Lagavulin e Caol Ila. O whisky turfado também é fabricado em outros países, como o Amrut da Índia, o Kavalan de Taiwan, o Yoichi do Japão e o Mackmyra da Suécia.

QUAIS DESTILARIAS USAM TURFA?

É comum achar que todos os whiskys escoceses são defumados e turfados. Na verdade, pouquíssimas destilarias de single malt ainda usam cevada turfada em suas receitas. Hoje, essa tradição – nascida da necessidade, e não para criar whiskys "defumados" – limita-se à maioria das destilarias de Islay e a um punhado de outras destilarias da ilha e do continente. Nos whiskys "turfados" de outros países, em especial da Ásia e do Extremo Oriente, a cevada turfada é importada da Europa, devido à falta de turfa nativa ou de instalações locais para processá-la.

▲ **A turfa cortada** é empilhada para uma secagem inicial in situ. Esta prática, assim como muitas outras do cultivo tradicional de turfa, passou séculos sem mudar.

PRESERVAÇÃO DA TURFA

A turfa cresce devagar (cerca de 1mm por ano) e os fabricantes de whisky se preocupam com sua taxa de renovação. Uma estimativa, por exemplo, previu que a ilha de Islay ficaria sem turfa até o início da década de 2020, o que não se concretizou. Ainda assim, as destilarias têm buscado maneiras alternativas de turfar seu whisky, incluindo a importação de turfa de regiões menos exploradas do Canadá, Sibéria e Congo.

▲ **A turfa é queimada** em um "kiln" e a fumaça fragrante é usada para secar cevada. Era assim que toda a cevada para whisky escocês era preparada.

POUCAS DESTILARIAS DE SINGLE MALT AINDA USAM CEVADA TURFADA EM SUAS RECEITAS

◀ **Com a turfa escocesa** cada vez mais escassa, as turfeiras intocadas do Canadá estão sendo consideradas por algumas destilarias escocesas.

DEGUSTAÇÃO 11/20

WHISKYS TURFADOS

A turfa é um dos alicerces da produção de whisky escocês. Alguns whiskys dependem de sua característica defumada para obter seus sabores inegavelmente "únicos"; outros a utilizam como um "tempero".

A DEGUSTAÇÃO

O whisky turfado é a degustação mais simples e também a mais difícil. Simples porque a turfa é o sabor mais fácil de detectar; difícil porque, depois de provar whisky turfado, é difícil sentir o gosto de qualquer outra coisa. O sabor forte e defumado da turfa está presente até em blended whiskies. Comece com o whisky não turfado como uma amostra de controle.

A LIÇÃO

A ideia desta degustação é apresentar o enorme impacto da cevada turfada. Cerca de 150 anos atrás, a maioria dos single malts era turfada. Hoje, é possível escolher bebidas muito turfadas até não turfadas, e qualquer coisa entre os dois. A turfa é tão popular que whiskys turfados são produzidos em toda a Escócia – e no mundo todo.

> ## O WHISKY TURFADO É A DEGUSTAÇÃO MAIS SIMPLES E TAMBÉM A MAIS DIFÍCIL

THE GLENLIVET 12 ANOS

SINGLE MALT DE SPEYSIDE

40% ABV

SE NÃO ENCONTRAR, use o Strathisla 12 anos

CORPO 2 — A mais antiga destilaria licenciada de Speyside e o single malt mais vendido nos Estados Unidos.

- 👁 **PALHA PÁLIDA**
- 👃 **PRADARIA NO VERÃO**; grama recém-cortada; baunilha
- 👄 **CAPIM-LIMÃO ACIDULADO.** Sem turfa. Use como uma amostra de controle para esta degustação
- **LONGO; SEDOSO;** seco

MAPA DE SABORES

AMADEIRADO · FRUTADO · FLORAL · CEREAL · PICANTE · TURFOSO

GOSTOU? Experimente o Nikka Miyagikyo

SPRINGBANK 10 ANOS	BENROMACH PEAT SMOKE	KILCHOMAN "MACHIR BAY"
SINGLE MALT DE CAMPBELTOWN	SINGLE MALT DE SPEYSIDE	SINGLE MALT DE ISLAY
46% ABV	46% ABV	46% ABV
SE NÃO ENCONTRAR, use o Craigellachie 13 anos	**SE NÃO ENCONTRAR,** use o BenRiach Curiositas	**SE NÃO ENCONTRAR,** use o Laphroaig 10 anos
CORPO 3 — A destilaria mais antiga em atividade em Campbeltown.	**CORPO 4** — A destilaria Benromach foi revitalizada pela Gordon & MacPhail em 1993.	**CORPO 5** — Fundada em 2005, é a primeira nova destilaria de Islay desde 1881.
OURO PÁLIDO	OURO CLARO	OURO PÁLIDO
BALAS, abacaxi em calda; pêssegos. Fumaça de turfa suave, porém distinta	**DOCE E SUNTUOSO;** baunilha fresca; cítrico; presunto defumado	**O AROMA DE BISCOITO AMANTEIGADO** doce e rico dá lugar a uma ligeira fumaça de turfa
GELEIA DE LARANJAS LIGEIRAMENTE CHAMUSCADAS; especiarias desidratadas; bolo de frutas com fumaça de turfa	**MAÇÃS COM ESPECIARIAS,** peras; limão-siciliano doce. Fumaça de uma fogueira de turfa distante	**A ÁGUA** realça a turfa. Notas de cereais e cítricas envoltas em fumaça pungente
LEVEMENTE DEFUMADO; cítrico. Textura oleosa	**DOÇURA FRUTADA** e defumado turfoso. Ligeiramente oleoso	**LONGO,** defumado, oleoso

GOSTOU? Experimente o Westland Peated

GOSTOU? Experimente o Ardmore Legacy

GOSTOU? Experimente o Ledaig Single Malt 10 anos

DEGUSTAÇÃO 11/20

ISLAY

A "Ilha do Whisky" da Escócia, Islay, abriga nove destilarias em atividade. Seus whiskys são associados a sabores ardentes e turfosos, mas Islay tem muito mais a oferecer.

PRIMEIRA PRODUÇÃO DE WHISKY
Fim do século XV

PRINCIPAL ESTILO DE WHISKY
Single malt

PRINCIPAIS DESTILARIAS
- Ardbeg
- Bowmore
- Bruichladdich
- Lagavulin
- Laphroaig

NÚMERO DE DESTILARIAS 9

ARDNAHOE
A mais nova destilaria de Islay, inaugurada em 2019

BUNNAHABHAIN
O nome da destilaria significa "foz do rio"

KILCHOMAN
Fundada em 2005, uma das mais novas e menores destilarias de Islay

CAOL ILA
A maior destilaria de Islay, fundada em 1846

BOWMORE
Lar do galpão de maturação mais antigo do mundo: o No.1 Vaults

"DARKEST" 15 ANOS

Beinn Bheigeir 491m (1,610ft), Islay's highest peak

BRUICHLADDICH
Produz sobretudo single malts não turfados, bem como gim

ARDBEG
Segundo eles, "o melhor single malt de Islay"

LAPHROAIG
Fundada em 1815 pelos fazendeiros Donald e Alexander Johnston

SINGLE MALT 10 ANOS

LAGAVULIN
A joia da coroa da Diageo, proprietária de várias destilarias renomadas, em Islay

Port Askaig
Rio Laggan
Rio Abhainn Ghlas
Bowmore
Port Charlotte
Portnahaven
River Glenedgedale
Port Ellen

LEGENDA
ALAMBIQUE DE POTE

LOCALIZAÇÃO

LOCALIZAÇÃO

A topografia de Islay é mais parecida com as Lowlands ou Campbeltown do que com as ilhas vizinhas.

É a ilha mais ao sul do arquipélago das Hébridas Interiores e sua paisagem é suave, verdejante e sinuosa. As destilarias de Islay, exceto duas, ficam no litoral. No início, o objetivo era facilitar a exportação do whisky. Hoje em dia, o whisky de Islay sai da ilha por balsa, partindo de Port Ellen e Port Askaig. Conhecida pela produção de whiskys turfados e defumados, Islay é coberta de turfeiras e grande parte da estrada de Bowmore a Port Ellen passa por uma extensão aparentemente interminável delas.

▶ **Port Ellen,** ao sul, é um dos principais pontos de envio de whisky de Islay, bem como Port Askaig.

AS DESTILARIAS

As nove destilarias de Islay produzem whiskys bem diferentes e nem todos são turfados.

Ardbeg, Kilchoman, Lagavulin, Laphroaig e a nova Ardnahoe se concentram em bebidas bastante turfadas e defumadas. A Caol Ila e a Bowmore produzem whiskys medianamente turfados. Por fim, as destilarias Bunnahabhain e Bruichladdich produzem whiskys não turfados, mais doces e frutados, embora também produzam quantidades limitadas de whiskys turfados, sendo o Octomore, da Bruichladdich, o mais conhecido.

▲ **Lagavulin** vem do gaélico para "vale do moinho", descrevendo a localização da destilaria em uma enseada protegida.

HISTÓRICO

Acredita-se que a destilação de whisky chegou à Escócia vinda da Irlanda, via Islay.

Considerando que Islay fica a apenas 14,5 km da costa da Irlanda do Norte e muitas das destilarias da ilha estão entre as mais antigas da Escócia, pode haver alguma verdade nisso. O certo é que Islay nos dá um vislumbre das origens da destilaria. Todos os whiskys escoceses eram feitos usando cevada maltada e turfada. Com o advento de combustíveis sem fumaça e outros estilos de whisky, muitos produtores se diversificaram. Mas Islay permaneceu fiel à turfa.

CAMPBELTOWN

Campbeltown abriga apenas três destilarias, mas é uma região importantíssima na produção de whisky na Escócia.

PRIMEIRA PRODUÇÃO DE WHISKY
Fim do século XVII

PRINCIPAL ESTILO DE WHISKY Single malt

PRINCIPAIS DESTILARIAS
- Glengyle (Kilkerran)
- Glen Scotia
- Springbank

NÚMERO DE DESTILARIAS 3

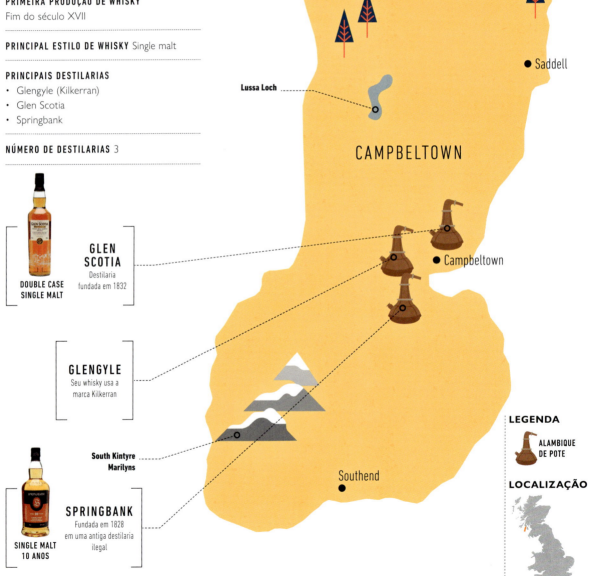

GLEN SCOTIA
Destilaria fundada em 1832
DOUBLE CASE SINGLE MALT

GLENGYLE
Seu whisky usa a marca Kilkerran

SPRINGBANK
Fundada em 1828 em uma antiga destilaria ilegal
SINGLE MALT 10 ANOS

Glenbarr
Barr Water
Carradale
Saddell
Lussa Loch
CAMPBELTOWN
Campbeltown
South Kintyre Marilyns
Southend

LEGENDA
ALAMBIQUE DE POTE

LOCALIZAÇÃO

APRECIE O LOCAL

LOCALIZAÇÃO

Campbeltown é, em muitos aspectos, o "fim do mundo", pelo menos do mundo da produção de whisky escocês.

Se você vai de carro até Campbeltown, talvez saindo de Glasgow, cruzando os grandes lochs Lomond e Fyne, passando por Inveraray e pela bela estrada sinuosa que leva até a região, descobre que não tem como ir mais longe. Fica na ponta da península Mull of Kintyre, entre belas e férteis terras agrícolas delimitadas pelo mar. A cidade de Campbeltown já foi a "cidade do whisky" da Escócia, um pequeno povoado à beira-mar com mais de 30 destilarias. A maioria fechou, mas as três destilarias restantes mantêm sua importância até hoje.

▶ **Campbeltown** fica no extremo sul da península de Kintyre, uma faixa de terra com cerca de 48km de extensão.

AS DESTILARIAS

A Glen Scotia, fundada em 1832, fechou entre 1984 e 1989, mas voltou a destilar bebidas de qualidade.

A Glengyle, sob a marca Kilkerran, produz um estilo suave e doce, além de alguns whiskys defumados. Mas a Springbank é a mais icônica. Ainda produz whisky à moda antiga, e é a última destilaria consolidada a realizar todos os processos no local, desde a maltagem da cevada até a destilação e o engarrafamento do whisky. Springbank é ao mesmo tempo um museu e uma destilaria.

▲ **Springbank** é a destilaria independente mais antiga da Escócia, pertencente à mesma família há mais de cinco gerações.

HISTÓRICO

Campbeltown foi uma área de produção de whisky importantíssima até meados do século XIX.

Os whiskys produzidos na maioria de suas mais de 30 destilarias eram turfados e "industriais", mas foram sendo substituídos pelo grain whisky e os single malts, mais sutis. A desativação de uma mina de carvão local e os efeitos da Lei Seca nos Estados Unidos fez com que várias destilarias fechassem. Em 1934, restavam apenas a Springbank e a Glen Scotia. Os proprietários da Springbank reabriram a Glengyle em 2004, sinalizando uma espécie de renascimento do whisky da região.

SPEYSIDE

Geograficamente, Speyside faz parte das Highlands, mas, em termos de whisky, tem a própria "denominação", devido à sua posição no mundo do whisky escocês.

PRIMEIRA PRODUÇÃO DE WHISKY
Fim do século XVIII

PRINCIPAL ESTILO DE WHISKY
Single malt

PRINCIPAIS DESTILARIAS
- Aberlour
- Glenfarclas
- Glenfiddich
- The Glenlivet
- The Macallan

NÚMERO DE DESTILARIAS
Aprox. 45

RARE CASK SINGLE MALT
THE MACALLAN
Antes uma joia escondida, agora uma gigante global

SINGLE MALT 16 ANOS
ABERLOUR
Feito com água do Rio Lour

BENROMACH
Produz single malts

AULTMORE
Gaélico para "grande riacho", o riacho Auchinderran

SINGLE MALT 18 ANOS
GLENFIDDICH
Representa cerca de um em cada três singles malts vendidos no mundo

CRAGGANMORE
A primeira destilaria com ramal ferroviário próprio para transportar whisky ao mercado

Ben Macdui
1.309m

BALVENIE
Fundada pelo icônico William Grant em 1889

THE GLENLIVET
Fundada em 1824 por George Smith como uma destilaria ilegal

SINGLE MALT 15 ANOS

GLENFARCLAS
Seus seis alambiques são os maiores de Speyside

LEGENDA
ALAMBIQUE DE POTE

LOCALIZAÇÃO

LOCALIZAÇÃO

Speyside fica perto do limite entre o norte do Parque Nacional Cairngorms e a costa de Aberdeenshire.

É uma região bonita, plana e tranquila, composta sobretudo por terras agrícolas. O grande rio Spey e seus muitos afluentes correm por ela como artérias, fornecendo água para as muitas destilarias da região, famosas por seus produtos delicados e complexos. As grandes cidades e outras áreas produtoras de whisky, como Rothes, Dufftown, Aberlour e Keith, fazem de Speyside uma das maiores regiões produtoras de whisky do mundo.

▶ **Speyside** foi nomeada em homenagem ao rio Spey, e muitas de suas destilarias se localizam nos vales próximos ao rio.

AS DESTILARIAS

Esta pequena área abriga cerca de 50 destilarias muito variadas.

A Glenlivet representa o lado mais leve, floral e cítrico, enquanto destilarias mais "peso-médio", incluindo a Balvenie, Aultmore e Cragganmore, produzem estilos mais arredondados, "carnudos" e frutados. Já a Glenfarclas e a Macallan produzem whiskys ricos, picantes e robustos. E algumas destilarias, como a Benromach, ainda usam cevada maltada turfada em homenagem ao antigo estilo de Speyside.

▲ **A nova destilaria da Macallan,** com equipamentos de ponta, foi inaugurada em 2018 a um custo de £140 milhões.

HISTÓRICO

Speyside não é uma localização geográfica ou política; ela só existe no contexto do whisky.

Foi criada pelo entusiasmo e paixão de um escritor especializado em whiskys chamado Michael Jackson. Graças à defesa de Jackson, a SWA (Scotch Whisky Association) designou Speyside como uma região de whisky no início da década de 1990. Naquela época, havia um movimento para classificar os single malts por região e estilo, como acontece com o vinho. Hoje, com muitas destilarias diversificando seus perfis de sabor, essas categorias rígidas estão ficando mais fluidas.

DEGUSTAÇÃO 12/20

SINGLE MALTS DAS HIGHLANDS

Acredita-se que os single malts escoceses podem ser classificados, em termos de gosto, de acordo com a região da destilaria. Para testar a relevância dos "tipos" regionais, esta degustação examina os single malts das Highlands.

A DEGUSTAÇÃO

Busque diferenças e semelhanças, grandes e pequenas, de sabor. Use seu paladar e tente avaliar se as classificações regionais tradicionais ainda são relevantes ao escolher seu próximo whisky.

A LIÇÃO

O local de origem do whisky é importante, bem como a topografia e a história da região – tudo isso faz parte da procedência da destilaria. A ideia é que, com esta degustação, você veja a regionalidade sob uma nova luz. O sabor tem muito mais a ver com o perfil ou o estilo almejado pela destilaria. Ela pode aderir ao estilo "tradicional" de uma região – ou não.

A IDEIA É QUE, COM ESTA DEGUSTAÇÃO, VOCÊ VEJA A REGIONALIDADE SOB UMA NOVA LUZ

GLENGOYNE 12 ANOS
(SUDOESTE DAS HIGHLANDS)
43% ABV

SE NÃO ENCONTRAR, use o Dalwhinnie 15 anos

CORPO 2 — Situada ao norte da fronteira entre a Highland e a Lowland, a produção de whisky começou em 1833.

 OURO PÁLIDO

 MEL VISCOSO E CÍTRICO; baunilha e coco

 TORTA DE LIMÃO, creme de baunilha, maçãs caramelizadas e biscoitos amanteigados

FRUTAS SECAS e canela; final médio

MAPA DE SABORES

 GOSTOU? Experimente o Kavalan "Classic"

GLENMORANGIE 'QUINTA RUBAN'

(TAIN, ROSS-SHIRE)

46% ABV

SE NÃO ENCONTRAR, use o Tomintoul Port Finish 15 anos

| CORPO 3 | Este whisky passa vários meses em barris ex-Porto (ou "pipes"). |

MARROM-AVERMELHADO

ESPECIARIAS DE INVERNO; cravo, canela; fava de baunilha

RECHEIO DE LICOR DE CEREJA; um toque de cravo e anis

BASTANTE SECO, final picante e médio

GOSTOU? Experimente o Balvenie Port Finish 21 anos

CLYNELISH 14 ANOS

(NORDESTE DAS HIGHLANDS)

46% ABV

SE NÃO ENCONTRAR, use o Old Pulteney 12 anos

| CORPO 3 | A destilaria Clynelish foi construída em 1819, mas foi substituída por uma nova em 1969. |

OURO PÁLIDO

NOTAS CÍTRICAS E FLORAIS. O toque de maresia penetrante reflete a proximidade com o litoral

ALGAS MARINHAS E FUMAÇA; cítrico vibrante, mel com notas de especiarias, baunilha

FINAL LONGO E REFRESCANTE; textura levemente oleosa

GOSTOU? Experimente o Hakushu Single Malt

LEDAIG 10 ANOS

SINGLE MALT DAS HIGHLANDS (ILHA DE MULL)

46,3% ABV

SE NÃO ENCONTRAR, use o Ardbeg 10 anos

| CORPO 5 | Esta destilaria foi construída em 1798, fechada e depois reativada em 1982. |

OURO INTENSO

DEFUMADO FORTE E MARCANTE; notas cítricas sedutoras

FUMAÇA PUNGENTE DE TURFA; cítrico suculento

VIBRANTE, fumaça de turfa e cítrico persistentes

GOSTOU? Experimente o Amrut Peated

DEGUSTAÇÃO 12/20

APRECIE O LOCAL

A HISTÓRIA POR TRÁS DE...

TIPOS DE ALAMBIQUE

Os alambiques de whisky podem ser divididos em dois tipos: alambiques de pote e alambiques de coluna. Produzem whiskys distintos, mas operam de maneiras semelhantes, e ao mesmo tempo diferentes. Veja como eles funcionam.

O ALAMBIQUE DE POTE

Também chamado de "pot still", é o mais antigo e tradicional para fazer whisky, sobretudo single malts. Como uma chaleira, o líquido fermentado (mosto ou "cerveja") é aquecido para vaporizar e subir por um bico. O vapor passa por um tubo em forma de "pescoço de cisne" até um condensador, onde é resfriado e convertido em um líquido com maior teor alcoólico. Os alambiques de pote costumam ser de cobre, pois nenhum outro material é mais eficiente na condução do calor enquanto remove compostos sulfurosos desagradáveis do líquido.

▲▶ **ALAMBIQUE DE POTE DE COBRE** Foi a base da destilação de whisky por séculos até o advento dos alambiques de coluna na década de 1830.

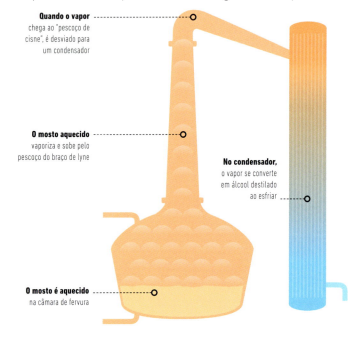

Quando o vapor chega ao "pescoço de cisne", é desviado para um condensador

O mosto aquecido vaporiza e sobe pelo pescoço do braço de lyne

No condensador, o vapor se converte em álcool destilado ao esfriar

O mosto é aquecido na câmara de fervura

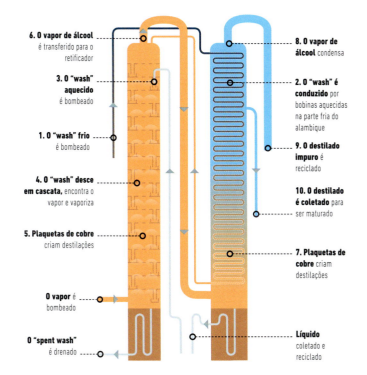

1. O "wash" frio é bombeado
2. O "wash" é conduzido por bobinas aquecidas na parte fria do alambique
3. O "wash" aquecido é bombeado
4. O "wash" desce em cascata, encontra o vapor e vaporiza
5. Plaquetas de cobre criam destilações
6. O vapor de álcool é transferido para o retificador
7. Plaquetas de cobre criam destilações
8. O vapor de álcool condensa
9. O destilado impuro é reciclado
10. O destilado é coletado para ser maturado

O vapor é bombeado
O "spent wash" é drenado
Líquido coletado e reciclado

◄ ▲ **ALAMBIQUE DE COLUNA**
O diagrama à esquerda mostra os principais processos que ocorrem, muitas vezes simultaneamente, em um alambique de coluna.

ALAMBIQUE DE COLUNA

Também conhecido como Coffey still ou alambique contínuo, cria um destilado mais puro e com teor alcoólico maior. O "wash" entra no alto da coluna, e desce em cascata por uma série de plaquetas enquanto o vapor quente é bombeado para cima, criando minidestilações.

É usado para destilar grain whiskies para a produção de whiskys escoceses e norte-americanos, como o bourbon. Nos Estados Unidos, o "doubler", outro tipo de alambique, é usado para obter alguns whiskys estilo bourbon. É basicamente um alambique de pote que finaliza o destilado após a destilação em coluna. Os alambiques híbridos combinam as duas tecnologias em um único equipamento.

Os alambiques de coluna, em geral feitos de aço, contêm cobre na cúpula de condensação para remover o enxofre, como em um alambique de pote.

OS ALAMBIQUES DE COLUNA, EM GERAL FEITOS DE AÇO, CONTÊM COBRE NA CÚPULA DE CONDENSAÇÃO PARA REMOVER O ENXOFRE

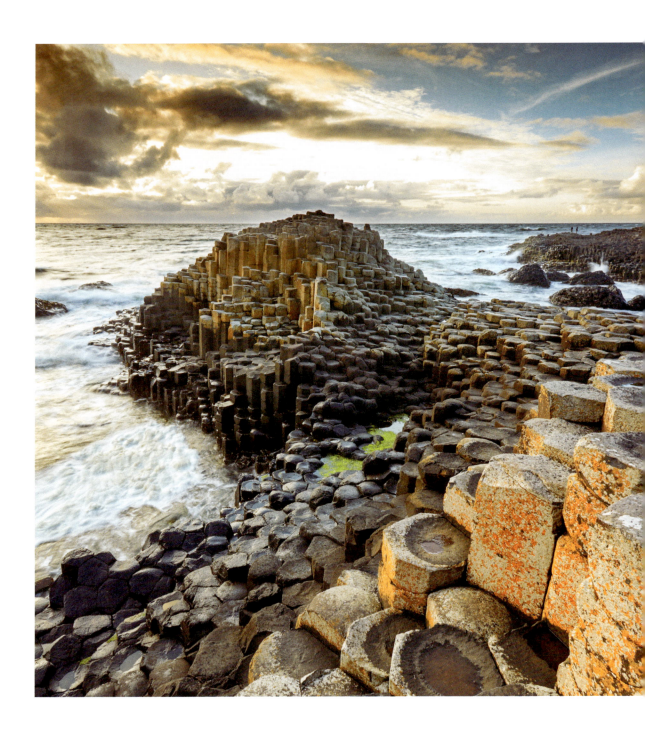

IRLANDA

A PRODUÇÃO IRLANDESA de whiskys mundialmente populares é invejável. Mas, como a história da própria Irlanda, a trajetória de sua herança na destilação é marcada por altos e baixos – e renascimento, renovação e esperança por um futuro melhor.

Com base na tradição do single pot still, que coloca os whiskys irlandeses entre os mais conhecidos e vendidos no Reino Unido e nos Estados Unidos, as destilarias da Irlanda resistiram para adotar a revolução do século XIX que introduziu o alambique de coluna e a destilação contínua no processo de produção de whisky. Apesar de culturalmente admirável, a devoção da Irlanda às tradições levou a indústria do whisky irlandês à beira da derrocada. Mas a produção de whisky irlandês não apenas sobreviveu como se recuperou. Novos produtores estão se juntando às tradicionais Jameson, na República da Irlanda, e Bushmills, na Irlanda do Norte, sediada a poucos passos da Calçada dos Gigantes (à esquerda).

LOCALIZAÇÃO

Fora de cidades como Dublin, Belfast e Cork, a Irlanda, apelidada de "Ilha Esmeralda", é composta sobretudo por terras agrícolas verdes e aráveis.

A geografia é em geral plana, com colinas suaves e baixas. O clima é temperado-oceânico, com invernos amenos e chuvosos e verões frescos. No oeste da ilha, voltado para o Atlântico e recebendo o impacto direto da Corrente do Golfo, chove duas vezes mais do que no leste. O resultado é um cenário exuberante, rico em turfa, que não é muito usada no whisky irlandês.

▶ **O interior da Irlanda** é um mosaico de pequenas propriedades rurais, não grandes fazendas.

AS DESTILARIAS

Até o final da década de 1980, a indústria se limitava à Bushmills e à Jameson.

Em 1987, a Cooley, uma antiga fábrica de álcool de batata, se juntou a elas. A família por trás do empreendimento, os Teeling, produziu bons whiskys antes de vender a empresa para a Jim Beam em 2012. Em 2015, os Teeling abriram a Teeling Whiskey Distillery, em Dublin. Ao lado de outros nomes notáveis, como a Dingle, em Kerry, e a Echlinville, no Condado de Down, abriu caminho para o renascimento do whisky irlandês.

▲ **O Bushmills' Black Bush** é envelhecido em barris ex-xerez oloroso. É composto por 80% de malte e 20% de grain whisky.

HISTÓRICO

A Irlanda destilava whisky antes da Escócia, mas sua indústria não teve tanto sucesso ao longo dos anos.

Uma razão foi o rigor dos regimes tributários e das regulamentações de produção. Mas a maior razão foi a recusa dos fabricantes irlandeses de aceitar a "revolução" dos alambiques de coluna da década de 1830, atendo-se ao sistema single pot still e produzindo whiskys vistos como ultrapassados e caros. Na década de 1980, restavam apenas duas destilarias. Hoje, mais de 20 estão em operação e o renascimento do whisky na Irlanda se mantém firme.

A HISTÓRIA POR TRÁS DE...

O RENASCIMENTO DO WHISKY NA IRLANDA

A Irlanda, assim como a Escócia, já esteve na vanguarda da produção de whisky. Até que ficou para trás. O que aconteceu e como a indústria está se revitalizando?

▲ **A Bushmills orgulhosamente** se proclama a mais antiga destilaria licenciada de whisky do mundo, datando de 1608 — mais antiga que as destilarias escocesas.

ATÉ A DÉCADA DE 1970

Depois de um passado glorioso, na década de 1970 a indústria de destilaria irlandesa estava em maus lençóis. Das dezenas de destilarias, restaram apenas duas, grandes e de alta qualidade: a Bushmills, na Irlanda do Norte, e a Jameson, na República da Irlanda. Elas mantiveram hasteada a bandeira do whisky irlandês enquanto o resto do país se adaptava aos poucos às mudanças na produção e aos hábitos de consumo de whisky.

O REVIVAL DOS ANOS 1980

A mudança começou em 1987, quando o empresário irlandês John Teeling e seus dois filhos transformaram uma modesta fábrica de álcool de batata na Cooley Distillery, produtora de whisky. Evitando a tradição do whisky irlandês de tripla destilação de cevada maltada e não maltada, a Cooley seguiu o caminho escocês, destilando apenas cevada maltada por dupla destilação. Também criou algo que nenhuma outra destilaria irlandesa havia feito em um século: um whisky irlandês turfado. A Cooley sempre foi uma fabricante criativa e interessante, uma inspiração para outras destilarias irlandesas.

DEPOIS DE UM PASSADO GLORIOSO, NA DÉCADA DE 1970 A INDÚSTRIA DE DESTILARIA IRLANDESA ESTAVA EM MAUS LENÇÓIS

ENTRA O NOVO MILÊNIO

Em 2010, os proprietários da Cooley reabriram a Kilbeggan, a destilaria mais antiga da Irlanda. Quando o negócio foi vendido para Jim Beam por US$95 milhões em 2012, ficou claro que os peixes grandes estavam de olho no potencial do whisky irlandês.

A partir daí, parecia que uma nova destilaria irlandesa abria toda semana. No contexto "macro", a histórica destilaria Tullamore, que fechara em 1954, foi comprada pela escocesa William Grant & Sons e reaberta em 2014. No contexto "micro", destilarias como a Echlinville, no Condado de Down, na Irlanda do Norte, e a The Shed Distillery, no Condado de Leitrim, na República da Irlanda, adotaram a destilação artesanal. As duas também produzem gim e se promovem como pontos turísticos.

Em 2015, a família Teeling voltou ao contexto do renascimento do whisky irlandês, abrindo a Teeling Whiskey Distillery, em Dublin.

COMO É FEITO?

Tradicionalmente, o whisky irlandês era sinônimo de single pot still. Mas esse cenário mudou.

Algumas destilarias, como Teeling, Connacht, Shed e Dingle estão revivendo as glórias do single pot still ao lado da produção de single malts "normais". Outras estão se especializando em single malts de dupla ou tripla destilação. Muitas novas destilarias engarrafam e vendem produtos de destilarias maiores e consolidadas enquanto sua própria bebida amadurece. Da indústria monolítica do passado, a produção de whisky irlandês passou a ser um exemplo de diversidade.

◀ **A Teeling,** de Dublin, é o mais recente empreendimento da família Teeling. A destilaria foi inaugurada em 2015 com o objetivo de produzir 500 mil litros de whisky por ano.

DEGUSTAÇÃO 13/20 — WHISKYS IRLANDESES "MODERNOS"

O whisky single pot still dominou a Irlanda durante séculos. Hoje, o cenário está mais diversificado, com uma variedade de estilos que convidam a explorar o whisky irlandês.

A DEGUSTAÇÃO

Esta degustação inclui a Cooley, a Jameson e a Teeling, três destilarias que representam os whiskys irlandeses "modernos" disponíveis atualmente (muitos whiskys irlandeses "novos" ainda estão sendo envelhecidos durante a produção deste livro). Eles dão uma ideia das inovações e dos diferentes estilos que estão sendo adotados.

A LIÇÃO

Embora seja um whisky single pot still "tradicional", o Method and Madness é envelhecido em barris alternados de carvalho e castanheira. Como você acha que isso afetou a sua experiência? Os três outros whiskys também oferecem novas interpretações do whisky "irlandês" e os quatro whiskys refletem as mudanças que estão ocorrendo na Irlanda.

OS QUATRO WHISKYS DEGUSTADOS AQUI REFLETEM AS MUDANÇAS QUE ESTÃO OCORRENDO NA IRLANDA

TEELING SINGLE GRAIN
SINGLE GRAIN WHISKEY
46% ABV

SE NÃO ENCONTRAR, use o Kilbeggan 8 anos

CORPO 2 — Uma das duas únicas destilarias que possuem estoque de grain whisky já maturado.

👁 **PALHA DOURADA**

👃 **CÍTRICO VIBRANTE, LEVE.** Algodão doce, baunilha e um toque de canela

👄 **FRUTA ACIDULADA** que o nariz não antecipou. Acidez frutada e chocolate branco

 O FINAL CÍTRICO persiste, aparentemente para sempre

MAPA DE SABORES

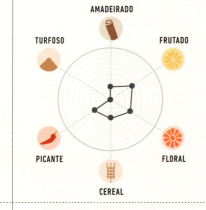

 GOSTOU? Experimente o Method and Madness SG

DEGUSTAÇÃO 13/20

METHOD AND MADNESS SPS	KNAPPOGUE CASTLE 12 ANOS	CONNEMARA PEATED IRISH WHISKEY
SINGLE POT STILL	WHISKY SINGLE MALT	WHISKY SINGLE MALT
46% ABV	40% ABV	46% ABV

SE NÃO ENCONTRAR, use o Green Spot Léoville Barton Finish | **SE NÃO ENCONTRAR,** use o Teeling Single Malt Whiskey | **SE NÃO ENCONTRAR,** use o Bunnahabhain Toiteach

| CORPO 3 | Maturado em barris ex-bourbon e ex-xerez e depois em barris de castanheira francesa. | CORPO 2 | Este whisky é envelhecido em barris no porão do Castelo Knappogue do século XV. | CORPO 4 | O primeiro single malt irlandês turfado produzido na Irlanda por mais de um século. |

OURO INTENSO | **PALHA PÁLIDA** | **OURO CLARO**

PERAS ASSADAS e cravo. Balas. Açúcar demerara queimado e canela | **BAUNILHA ACESSÍVEL** e cítrico. Notas de nozes; um toque de marzipã | **TORTA DE MAÇÃ DEFUMADA E TOSTADA.** Fumaça suave de turfa. Cevada maltada com notas de mel

UMA EXPLOSÃO DE FRUTAS, abacaxi, pêssego e kiwi. Depois baunilha e frutas secas | **FRUTA MACIA E DOCE** e especiarias delicadas. Uma pitada de açúcar mascavo | **A TURFA É MAIS EVIDENTE;** sabores florais adicionais e um toque de menta

FINAL LONGO E PERSISTENTE. Sensação refrescante e ácida na boca | **LONGO E SEDUTOR;** sensação cremosa na boca | **LONGO COM FUMAÇA INTENSA.** Bastante seco

GOSTOU? Experimente o Powers John's Lane | **GOSTOU?** Experimente o Knappogue Castle 16 anos | **GOSTOU?** Experimente o Connemara 12 anos

AMÉRICA DO NORTE

QUALQUER EXPLORAÇÃO DO WHISKY da América do Norte deve começar no Kentucky, o lar do bourbon e uma das maiores potências mundiais da produção de whisky. Também é o ponto de partida perfeito para descobrir o que a região tem a oferecer.

A parada seguinte será o Tennessee, outro gigante norte-americano do whisky, e depois seguiremos para as regiões emergentes do oeste, centro e leste dos Estados Unidos (à esquerda, a ponte do Brooklyn, em Nova York). Ao final seguiremos para o norte, para ver o que está acontecendo no Canadá.

Nossa exploração incluirá o bourbon, o whisky de milho, de centeio, de trigo, blends e muito mais. Também analisaremos o crescente movimento das microdestilarias, que está ao mesmo tempo preservando técnicas tradicionais de produção de whisky e expandindo a definição de whisky e como ele deve ser destilado e envelhecido.

KENTUCKY

Quase com certeza o berço do bourbon e o estado que mais o produz, o Kentucky consolidou sua importância no mundo do whisky.

PRIMEIRA PRODUÇÃO DE WHISKY
Meados do século XVIII

PRINCIPAIS ESTILOS DE WHISKY
Bourbon, milho, centeio, trigo

PRINCIPAIS DESTILARIAS
- Buffalo Trace (Frankfort)
- Four Roses (Lawrenceburg)
- Heaven Hill (Bardstown)
- Jim Beam (Clermont)
- Wild Turkey (Lawrenceburg)

NÚMERO DE DESTILARIAS
Aprox. 70

LEGENDA

 ALAMBIQUE DE COLUNA

 ALAMBIQUE DE POTE

LOCALIZAÇÃO

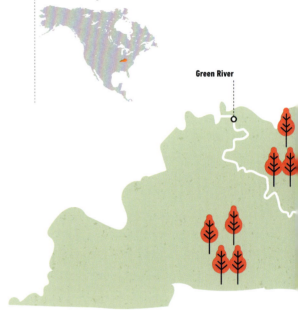

Green River

LOCALIZAÇÃO

O Kentucky faz fronteira com sete estados, incluindo o Tennessee, outra potência do whisky.

O clima varia um pouco de norte a sul, mas em geral é quente e subtropical. Não é tão quente quanto os estados mais ao sul, como Mississippi e Alabama, mas é mais quente no inverno do que estados mais ao norte, como Michigan e Pensilvânia. A água é abundante e todos os rios do Kentucky deságuam no Mississipi. o Kentucky é um estado verde e fértil, com uma longa história agrícola, sobretudo de milho.

▲ **Quase metade do Kentucky** é coberta por florestas, indicando um clima quente e úmido, ideal para produzir – e maturar – whisky.

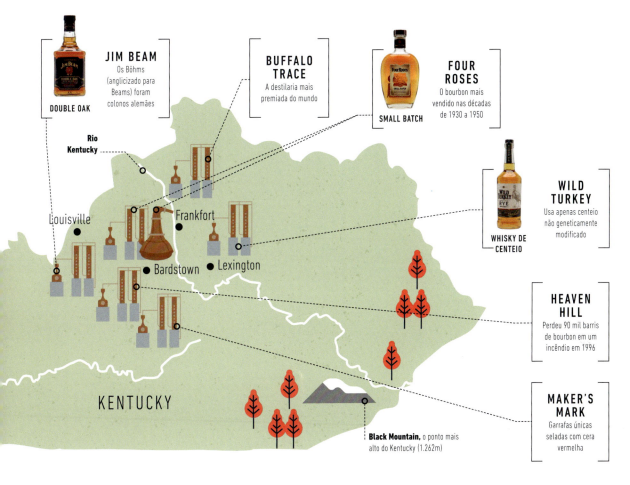

JIM BEAM — DOUBLE OAK
Os Böhms (anglicizado para Beams) foram colonos alemães

BUFFALO TRACE
A destilaria mais premiada do mundo

FOUR ROSES — SMALL BATCH
O bourbon mais vendido nas décadas de 1930 a 1950

WILD TURKEY — WHISKY DE CENTEIO
Usa apenas centeio não geneticamente modificado

HEAVEN HILL
Perdeu 90 mil barris de bourbon em um incêndio em 1996

MAKER'S MARK
Garrafas únicas seladas com cera vermelha

Rio Kentucky · Louisville · Frankfort · Bardstown · Lexington · KENTUCKY

Black Mountain, o ponto mais alto do Kentucky (1.262m)

131

AMÉRICA DO NORTE

AS DESTILARIAS

Até o início dos anos 2000, o Kentucky tinha apenas um punhado de destilarias de whisky.

Mas como a Buffalo Trace e a Heaven Hill produziam uma infinidade de marcas e tipos de whisky, a impressão era de que o número de fabricantes era muito maior. A revolução do whisky artesanal que está varrendo o mundo também deixou sua marca no Kentucky e hoje, entre fábricas totalmente operacionais ou em processo, o estado tem mais de 70 destilarias.

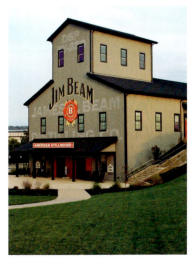

▲ **A Jim Beam** começou a vender o whisky Old Jake Beam em 1795, batizado em homenagem ao fundador da empresa, Jacob Beam.

HISTÓRICO

O whisky é produzido no Kentucky desde a chegada dos colonizadores europeus, no fim do século XVIII.

Com a abundância de milho no estado, sobravam grãos para produzir whisky de milho, que foi substituído pelo bourbon quando barris de carvalho começaram a ser usados para maturação e armazenamento. Hoje o bourbon é, depois do escocês, o whisky mais exportado do mundo. Muitos dos grandes produtores comerciais do Kentucky eram pequenos no começo. O Maker's Mark, por exemplo, ainda é produzido em uma destilaria que data de 1773.

LOCALIZAÇÃO

As destilarias do Tennessee se concentram nas proximidades de Nashville (oeste), Knoxville (leste) e Fayetteville (sul).

O Tennessee tem um clima úmido e subtropical similar ao do Kentucky, mas é um pouco mais quente no verão e no inverno. É uma região agrícola e industrial, que exporta gado, aves e ovos, e produz veículos e componentes elétricos. O imponente rio Mississippi delimita o oeste da região e os Apalaches contornam o leste do estado.

▲ **Nashville** é a capital da música country dos Estados Unidos e ocupa o centro da produção de whisky do Tennessee.

TENNESSEE

Além do whisky de um sujeito chamado Jack Daniel, o que há para saber sobre o whisky do Tennessee? Pode ter certeza que muito mais que isso.

LEGENDA
ALAMBIQUE DE COLUNA
ALAMBIQUE DE POTE

LOCALIZAÇÃO

PRIMEIRA PRODUÇÃO DE WHISKY
Fim do século XVIII

PRINCIPAIS ESTILOS DE WHISKY
Tennessee whiskey, bourbon, milho, centeio, trigo

PRINCIPAIS DESTILARIAS
- Jack Daniel's (Lynchburg)
- George Dickel (Tullahoma)
- Benjamin Prichard's (Kelso)
- Corsair (Nashville)
- Nelson's Green Brier (Nashville)

NÚMERO DE DESTILARIAS Aprox. 30

O icônico rio **Mississipi,** com 3.778km de extensão

TENNESSEE

● Memphis

Rio Tennessee

APRECIE O LOCAL

AS DESTILARIAS

De apenas duas destilarias pós-Lei Seca – a Jack Daniel's e a George Dickel –, o Tennessee hoje tem cerca de 30.

Muitas são novas, focadas em whisky artesanal. Em 2013, o "Processo do Condado de Lincoln" determinou que todos os "Tennessee whiskeys" devem ser filtrados em carvão. Ironicamente, a Benjamin Prichard Distillery, a única fabricante de Tennessee whiskey que não está sujeita a essa regra (por razões legais complexas), é a única destilaria do Tennessee localizada no Condado de Lincoln.

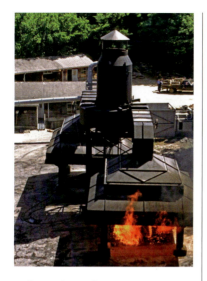

▲ **Forno de carvão** da Jack Daniel's. A destilaria faz carvão queimando madeira de bordo para filtrar seu whisky.

HISTÓRICO

O Tennessee foi povoado pelos mesmos imigrantes europeus que se estabeleceram no estado vizinho do Kentucky.

Mas o contexto do whisky variou entre os dois estados. O Tennessee foi o primeiro estado a proibir a produção de whisky, em 1909, dez anos antes da Lei Seca, e só a legalizou em 1939, seis anos depois. A Jack Daniel's reabriu um ano depois, e a George Dickel em 1958. A Benjamin Prichard foi inaugurada em 1997, seguida por uma nova onda de destilarias artesanais que impulsionaram a produção de whisky no estado.

AMÉRICA DO NORTE

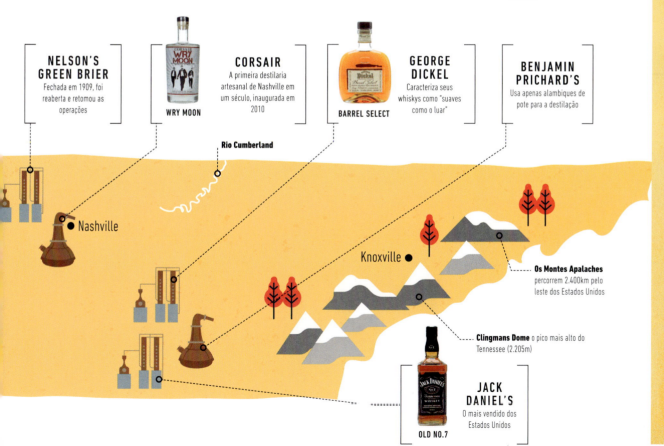

NELSON'S GREEN BRIER
Fechada em 1909, foi reaberta e retomou as operações

CORSAIR — WRY MOON
A primeira destilaria artesanal de Nashville em um século, inaugurada em 2010

GEORGE DICKEL — BARREL SELECT
Caracteriza seus whiskys como "suaves como o luar"

BENJAMIN PRICHARD'S
Usa apenas alambiques de pote para a destilação

Rio Cumberland

Nashville

Knoxville

Os Montes Apalaches percorrem 2.400km pelo leste dos Estados Unidos

Clingmans Dome o pico mais alto do Tennessee (2.205m)

JACK DANIEL'S — OLD NO.7
O mais vendido dos Estados Unidos

OESTE DOS ESTADOS UNIDOS

O oeste dos Estados Unidos pode não ser lembrado quando pensamos em whisky. Mas as destilarias da Califórnia, Washington, Utah e Oregon colocaram a região no mapa do whisky.

PRIMEIRA PRODUÇÃO DE WHISKY
Anos 1790

PRINCIPAIS ESTILOS DE WHISKY
Single malt, bourbon, milho, centeio, trigo

PRINCIPAIS DESTILARIAS
- Hotaling and Co. (Califórnia)
- St George Spirits (Califórnia)
- Dry Fly (Washington)
- High West (Utah)
- Clear Creek (Oregon)

NÚMERO DE DESTILARIAS
Aprox. 230

APRECIE O LOCAL

CLEAR CREEK — Produz single malts turfados, entre outros

THE EDGEFIELD DISTILLERY — Fundada em 1998

ST GEORGE SPIRITS — Também produz absinto e outros destilados — SINGLE MALT

HOTALING AND CO. — Produz o raro whisky de centeio em alambique de pote

DRY FLY — Produz vodca, gim e whisky — BOURBON 101

HIGH WEST — A primeira destilaria de Utah pós-Lei Seca

Montanhas Cascade. Cadeia vulcânica de montanhas

Rio Columbia

Sierra Nevada A cordilheira inclui três parques nacionais

Monte Whitney, o pico mais alto da Sierra Nevada (4.418m)

Rio Sacramento

LEGENDA
- ALAMBIQUE DE COLUNA
- ALAMBIQUE DE POTE

LOCALIZAÇÃO

LOCALIZAÇÃO

O oeste dos Estados Unidos é delimitado pelo Oceano Pacífico ao oeste e pelas Montanhas Rochosas ao leste.

É uma área enorme, com mais de 1,8 milhão de km² e topografias e climas variados, desde desertos ao centro, florestas temperadas ao norte, e, ao sul, litorais tropicais e planícies e vales verdejantes e exuberantes. A maioria das novas destilarias se concentram em Seattle e Portland, ao norte, e, mais ao sul, em San Francisco e Los Angeles, muitas delas (com algumas exceções) sediadas na costa do Pacífico ou perto dela.

▶ **San Francisco** e a área da baía ao redor abriga quase 20 destilarias de whisky.

AS DESTILARIAS

O Oeste dos EUA não tem destilarias antigas em operação. A Lei Seca fechou todas.

Mas, movidos pelo típico ímpeto norte-americano, os fabricantes de whisky recomeçaram a fabricar na região. San Francisco abriu o caminho em 1982 e a St George's Spirits alega ser a "primeira pequena destilaria norte-americana desde a Lei Seca". Outros pioneiros da microdestilação foram a Anchor Distillery de San Francisco (hoje Hotaling and Co.) e a The Edgefield Distillery de Troutdale, Oregon, ambas em operação muito antes do novo movimento do whisky artesanal.

▲ **High West's Rendezvous Rye** é um whisky premiado com "alto teor de centeio", resultando em uma bebida picante, porém suave.

HISTÓRICO

Os estados do oeste dos Estados Unidos nunca foram as melhores regiões para produzir whisky. Os cereais necessários para fazer a bebida eram cultivados mais a leste.

Além disso, na época da Lei Seca, todas as destilarias fecharam. Mas os inovadores acabaram se aproveitando disso: sem a tradição de produção de whisky, as destilarias locais têm carta branca para criar uma nova história, produzindo whiskys "improváveis", como single malts norte-americanos. Hoje a região produz alguns dos whiskys mais inovadores e empolgantes dos Estados Unidos.

CENTRO DOS ESTADOS UNIDOS

Alguns dos whiskys mais interessantes e empolgantes são fabricados nos estados centrais dos Estados Unidos. Aqui, analisaremos Texas, Arkansas, Illinois, Wisconsin e Missouri para descobrir por quê.

PRIMEIRA PRODUÇÃO DE WHISKY Década de 1790

PRINCIPAIS ESTILOS DE WHISKY Bourbon, centeio, single malt

PRINCIPAIS DESTILARIAS
- Balcones (Waco, Texas)
- Rock Town (Little Rock, Arkansas)
- FEW (Evanston, Illinois)
- Great Lakes (Milwaukee, Wisconsin)
- Holladay (Weston, Missouri)

NÚMERO DE DESTILARIAS Aprox. 140

GREAT LAKES Destilaria premiada que produz diversos tipos de destilados

WHISKY DE CENTEIO — FEW O slogan desta destilaria de pequenos lotes é "Por poucos, para poucos"

HOLLADAY Criada em 1856 pelo fundador da Wells Fargo

O carvalho-branco do Missouri é uma importante fonte de barris de bourbon

BOURBON — ROCK TOWN A primeira destilaria legal do Arkansas desde a Lei Seca

BRIMSTONE CORN WHISKEY — BALCONES Começou a destilar em 2009

LEGENDA
- ALAMBIQUE DE COLUNA
- ALAMBIQUE DE POTE

LOCALIZAÇÃO

LOCALIZAÇÃO

Este grupo de estados, cobrindo mais de 1,3 milhão de km², inclui uma grande variedade de topografias.

É temperado ao norte e úmido e subtropical ao sul. Os estados centrais são sujeitos a eventos climáticos extremos, como tornados, enquanto os estados costeiros do sul enfrentam furacões periódicos. Em geral, a terra é fértil, em grande parte plana, e a economia é baseada na agricultura. Illinois, Wisconsin, Missouri e Minnesota estão entre os principais estados produtores de milho dos Estados Unidos e fazem parte do "cinturão do milho", contribuindo para a produção local de whisky de milho em grande volume.

▶ **Grandes tornados** são comuns nesta região. Podem dizimar trigo, centeio e outras culturas utilizadas na produção de whisky.

AS DESTILARIAS

Como em boa parte do país, a história do whisky desta região foi impactada pela Lei Seca.

Uma exceção foi o Missouri, talvez devido à proximidade com os tradicionais estados produtores de whisky, Kentucky e Tennessee. A Holladay Distillery em Weston, Missouri, opera desde 1856 sob diversos nomes e proprietários. Hoje o Texas é o principal estado produtor de whisky, com mais de 50 destilarias, e Missouri, Minnesota e Illinois são centros de whisky artesanal. Muitos produtores regionais menores só vendem seus produtos localmente.

▲ **Carrie Nation (1846-1911)** foi uma líder influente do Movimento da Temperança no Texas e sua influência é sentida até hoje.

HISTÓRICO

Antes da Lei Seca, o Movimento da Temperança antiálcool dominava muitos desses estados.

Ainda hoje, em vários condados do Texas e Arkansas, por exemplo, é ilegal vender álcool. Em geral, os condados "secos" dos Estados Unidos se concentram nos estados centrais, abrangendo 18 milhões de cidadãos. Dito isso, as destilarias da região também são muito inovadoras. Com os custos mais baixos de licenciamento de bebidas alcoólicas e mudanças na legislação federal e estadual, sobretudo para pequenos produtores, o whisky artesanal norte-americano está em alta.

AMÉRICA DO NORTE

APRECIE O LOCAL

LESTE DOS ESTADOS UNIDOS

Uma das primeiras regiões colonizadas nos Estados Unidos, tem uma longa história de destilação de whisky. Vamos ver o que está acontecendo nos estados de Nova York, Virgínia, Pensilvânia e Indiana.

PRIMEIRA PRODUÇÃO DE WHISKY
Início do século XVIII

PRINCIPAIS ESTILOS DE WHISKY
Bourbon, centeio, single malt

PRINCIPAIS DESTILARIAS
- Tuthilltown (Gardiner, Nova York)
- Smooth Ambler (Maxwelton, Virgínia Ocidental)
- A. Smith Bowman (Fredericksburg, Virgínia)
- Dad's Hat (Bristol, Pensilvânia)
- MGP (Lawrenceburg, Indiana)

NÚMERO DE DESTILARIAS
Aprox. 200

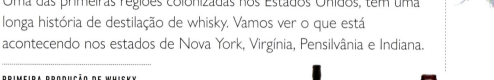

LEGENDA — ALAMBIQUE DE COLUNA

LOCALIZAÇÃO

PENNSYLVANIA RYE — DAD'S HAT
Especializada em whiskys de centeio premiados

HUDSON BABY BOURBON — TUTHILLTOWN
Destilaria localizada em um moinho de grãos de 200 anos

OLD SCOUT — SMOOTH AMBLER
Destilaria com sede nos Apalaches fundada em 2009

MGP
Fornece whiskys para marcas artesanais terceirizadas

A. SMITH BOWMAN
Destilaria familiar fundada em 1935

ESTADO DE NOVA YORK • Nova York
PENSILVÂNIA • Pittsburgh • Filadélfia
INDIANA • Indianápolis
OHIO • Columbus • Cincinnati
VIRGÍNIA OCIDENTAL
VIRGÍNIA • Richmond
Rio Ohio
Montes Apalaches

LOCALIZAÇÃO

O leste dos Estados Unidos tem mais história, uma população maior e, por tradição, é mais industrial que as regiões central e ocidental.

Cidades icônicas como Nova York, Boston, Washington e Filadélfia salpicam a costa leste. O clima, similar ao da Escócia e Irlanda, torna a região adequada para a produção de whisky. É mais frio no norte, com bosques, florestas e litorais acidentados; temperado no centro; e tropical no sul, com áreas alagadiças na Flórida, por exemplo. O cenário é dominado pelos Montes Apalaches, uma cordilheira que cruza a maior parte do leste norte-americano até o Canadá.

▶ **Nova York** tem pelo menos dez destilarias de whisky, a maioria no bairro "hip" do Brooklyn, mas também em Manhattan.

AS DESTILARIAS

O whisky de centeio começou a ser produzido na Pensilvânia e em Maryland no início do século XVIII.

Hoje, essas regiões estão liderando o renascimento desse estilo clássico e picante com destilarias como a Dad's Hat em Bristol, Pensilvânia. A Virgínia e a Virgínia Ocidental, vizinhas da potência Kentucky, são centros de destilação, com startups surgindo desde o novo milênio. Mais ao norte, a Hudson Whiskeys de Nova York, da destilaria Tuthilltown, tem chamado a atenção com seus whiskys de centeio, milho, bourbon e malte.

▲ **O Hudson Baby Bourbon** e o New York Corn Whiskey usam grãos locais em sua destilaria no norte do estado de Nova York.

HISTÓRICO

Colonos holandeses abriram a primeira destilaria de Nova York em 1640, para produzir "genever" (gim).

Com a chegada dos britânicos em 1664, o rum dominou, sendo substituído pelo whisky após a independência. Mais ao sul, o presidente George Washington fundou uma destilaria de whisky em Mount Vernon, Virgínia, em 1797. Nos 150 anos seguintes, a produção foi prejudicada por impostos restritivos, pela Guerra Civil e pela Lei Seca. O legado dessa história é uma tradição de destilação artesanal e criativa.

AMÉRICA DO NORTE

DEGUSTAÇÃO 14/20

WHISKYS ARTESANAIS REGIONAIS DOS ESTADOS UNIDOS

Conheceremos produtos de destilarias de regiões menos tradicionais de produção de whisky. A criatividade e originalidade dessas novas destilarias estão ampliando a definição de whisky "norte-americano".

A DEGUSTAÇÃO

Não é fácil escolher quatro whiskys que representam todo o burburinho em torno da nova onda de destilarias norte-americanas. Este quarteto dá uma boa ideia da variedade de whiskys produzidos por alguns fabricantes menores e mais inovadores. É uma gama que cresce ano após ano.

A LIÇÃO

Você percebeu, na degustação, o que essas destilarias estão fazendo? A experiência não deve ter sido melhor nem pior do que qualquer whisky norte-americano "tradicional" que você provou, mas espero que você tenha notado diferenças e semelhanças. Bourbon californiano? Single malts norte-americanos? As destilarias menores se livraram das amarras e estão dando asas à criatividade.

AS DESTILARIAS MENORES SE LIVRARAM DAS AMARRAS E ESTÃO DANDO ASAS À CRIATIVIDADE

SONOMA DISTILLING BOURBON

BOURBON
CALIFÓRNIA
46% ABV

SE NÃO ENCONTRAR, use o Dry Fly Bourbon

CORPO 3 — Em operação desde 2010, seu whisky é produzido em alambiques de pote tradicionais de cobre.

OURO INTENSO

CREAM SODA, purê de framboesa chamuscado, cereja Morello, manjericão fresco

REFRIGERANTE DE COLA DE CEREJA SEM GÁS, hortelã picada, pimenta-do-reino, notas de cravo

AROMÁTICOS PICANTES, essência de baunilha doce; final médio

MAPA DE SABORES

- AMADEIRADO
- FRUTADO
- FLORAL
- CEREAL
- PICANTE
- TURFOSO

GOSTOU? Experimente o Bourbon Old Fitzgerald

BALCONES NO.1 SINGLE MALT

WHISKY SINGLE MALT

WACO, TEXAS
53% ABV

SE NÃO ENCONTRAR, use o Wasmund's Single Malt

CORPO	A primeira fabricante de whisky do Texas depois da Lei Seca. Usa alambiques de pote artesanais feitos no local.
4	

ÂMBAR DOURADO

CARNUDO E SABOROSO; especiarias; doce, estragão chamuscado

"MASTIGÁVEL", SATISFATÓRIO. Sorvete de passas ao rum, regado com xerez de uva Pedro Ximénez

MEL DEFUMADO, raspas de laranja queimada; final longo e seco

GOSTOU? Experimente o Aberlour A'bunadh

HUDSON MANHATTAN RYE

WHISKY DE CENTEIO

GARDINER, NOVA YORK
46% ABV

SE NÃO ENCONTRAR, use o Redemption Rye (Sourced)

CORPO	Os whiskys do Hudson são da Tuthilltown Distillery, de Nova York, fundada em 2005.
5	

ÂMBAR QUEIMADO

PERAS AROMÁTICAS COM ESPECIARIAS, fumaça de charuto

ESPECIARIAS INTENSAS, torta de maçã caramelizada com creme de canela. Casca de laranja chamuscada

LONGO, SECO, "MASTIGÁVEL". Final muito satisfatório

GOSTOU? Experimente o Jack Daniel's SB Rye

WESTLAND PEATED

WHISKY SINGLE MALT

SEATTLE
46% ABV

SE NÃO ENCONTRAR, use o McCarthy's Peated Oregon Malt

CORPO	Uma das poucas destilarias norte-americanas focadas exclusivamente na produção de single malt.
4	

PALHA DOURADA

FUMAÇA DE TURFA e raspas de laranja; um toque de cravo e canela

PERA PICANTE E DEFUMADA em uma torta quente com raminhos de hortelã e flocos de chocolate branco

FINAL LONGO, SECO; levemente esfumaçado, muito bem equilibrado

GOSTOU? Experimente o Caol Ila 12 anos

DEGUSTAÇÃO 14/20

CANADÁ

É comum o Canadá ser esquecido no contexto norte-americano de produção de whisky. Mas este vasto país tem uma longa tradição de destilação e continua a produzir whiskys de alta qualidade.

PRIMEIRA PRODUÇÃO DE WHISKY Fim do século XVIII

PRINCIPAIS ESTILOS DE WHISKY Canadian rye, blended, single malt

PRINCIPAIS DESTILARIAS
- Alberta Distillers (Calgary, Alberta)
- Canadian Club (Windsor, Ontário)
- Forty Creek Distillery (Grimsby, Ontário)
- Gimli Distillery (Gimli, Manitoba)
- Glenora Distillery (Glenville, Nova Escócia)

NÚMERO DE DESTILARIAS Aprox. 50

LOCALIZAÇÃO

É o segundo maior país do mundo, mas 60% do Canadá é subártico.

As regiões mais frias do país são ideais para tomar whisky, mas não para cultivar as culturas necessárias para produzi-lo, exceto o centeio, cultivado sobretudo no oeste. Esse grão resistente gosta do frio, sendo o principal estilo de whisky do Canadá. Os Montes Apalaches, os Grandes Lagos e a vasta Baía de Hudson dominam o leste do país, enquanto as imponentes Montanhas Rochosas fazem fronteira com o oeste. Entre estes pontos ficam as grandes planícies onde se produz trigo, milho e canola.

▶ **O Parque Nacional Banff** fica nas Montanhas Rochosas e é uma vasta área de picos, geleiras, campos de gelo e florestas.

AS DESTILARIAS

A indústria de whisky do Canadá era dominada por apenas um punhado de grandes destilarias.

Hiram Walker, um empresário norte-americano de Detroit, abriu o que viria a se tornar a Canadian Club Distillery em Windsor, Ontário, em 1854, e outros produtores logo seguiram o exemplo. Hoje o país abriga destilarias inovadoras como a Glenora, que afirma produzir o primeiro single malt da América do Norte desde 1989, sob a marca Glen Breton. Há também um bom número de destilarias artesanais, especialmente na Nova Escócia, no leste, e outras regiões.

▲ **A Gooderham & Worts foi a maior destilaria do Canadá.** Apesar de ter encerrado a produção na década de 1990, permanece uma marca icônica.

HISTÓRICO

Não se sabe ao certo quem levou a destilação ao Canadá. Alguns dizem que foram os escoceses ou os irlandeses.

Outros dizem que foram imigrantes ingleses ou alemães. Com sabores mais suaves, o whisky canadense foi, e continua sendo, popular nos Estados Unidos: até hoje são a segunda categoria de whisky mais consumida, depois do bourbon.
Ao contrário de seus vizinhos norte--americanos, os produtores canadenses destilam whiskys de centeio, milho e trigo em separado e depois os misturam, em vez de misturar os grãos no mosto.

143

AMÉRICA DO NORTE

A HISTÓRIA POR TRÁS DE...

MICRODESTILARIAS

Chamar um whisky de "artesanal" remete a marcas criativas e garrafas com rótulos diferenciados. Mas quem produz whisky artesanal e como? E o que exatamente é uma microdestilaria?

▲ **A Stein Distillery** em Joseph, Oregon, fundada em 2009, cultiva os próprios grãos e produz artesanalmente seus bourbons, whiskys de centeio e blends.

UMA QUESTÃO DE INTERPRETAÇÃO

Não há uma definição legal para essa categoria, mas a microdestilação, em teoria, é a produção em pequena escala de bebidas destiladas em pequenos lotes, em geral com ingredientes locais e, muitas vezes, orgânicos. Muitas microdestilarias são projetos de entusiastas que decidiram produzir os próprios whiskys e destilados. Alguns são autodidatas, incorporando novas ideias ao processo de produção das bebidas.

As microdestilarias variam em porte e procedência. Enquanto algumas são projetos individuais, pelo amor à arte de produzir (e, quem sabe, para viver disso), outras são pequenas destilarias comerciais financiadas por grandes empresas interessadas em surfar na onda dos whiskys "artesanais".

QUANTO MENOR, MELHOR?

Nunca foi tão fácil abrir uma pequena destilaria. Nos Estados Unidos, houve um afrouxamento das leis de produção de bebidas de alto teor alcoólico, o que deu às microdestilarias vantagens que elas abraçaram com entusiasmo.

Livres das pressões enfrentadas pelos grandes produtores comerciais, as microdestilarias têm mais liberdade para explorar e criar, experimentando combinações de grãos novas ou incomuns e testando misturas de sabores. As vendas em geral são locais, muitas vezes disponíveis apenas na loja da microdestilaria.

Para microdestilarias realmente pequenas, o equipamento usado em geral é compacto o suficiente para caber no cômodo de uma casa; já as maiores podem ocupar todo um galpão. Faz mais sentido dizer que o que torna uma destilaria "micro" é a atitude das pessoas que produzem o whisky.

▲ **A Dry Fly,** como muitas pequenas destilarias, também produz bebidas como gim e vodca. Além de sua paixão por essas bebidas, a destilaria precisa ganhar dinheiro enquanto os whiskys maturam.

INVENTANDO UMA NOVA TRADIÇÃO

A microdestilação é marcada por um espírito pioneiro que está redefinindo as regras. Quer fazer um single malt na Alemanha? Por que não? Ou um bourbon na Califórnia? Vá em frente! Nada é proibido e vale tudo. Só é preciso respeitar as leis locais e as patentes internacionais. O bourbon, por exemplo, só pode receber esse nome se for proveniente dos Estados Unidos. O mesmo se aplica a whiskys ao estilo escocês produzidos fora da Escócia. Só por precaução, evite usar a palavra "Scotch" no rótulo e não inclua "Glen" no nome da marca, para não causar confusão com destilarias escocesas icônicas, como Glenfiddich, Glenlivet e Glenmorangie.

MICRODESTILARIAS PIONEIRAS

Algumas das primeiras e/ou mais empolgantes destilarias artesanais do mundo e seus whiskys emblemáticos:

- Balcones (EUA): Texas Single Malt Whiskey
- Chichibu (Japão): "Peated" Single Malt
- Corsair (EUA): 100% Rye
- Cotswolds (Inglaterra): Single Malt
- Daftmill (Escócia): 2006 Winter Release
- Spreewood (Alemanha): Stork Club Rye
- High West (EUA): Rendezvous Rye

MUITAS MICRODESTILARIAS SÃO PROJETOS PESSOAIS DE ENTUSIASTAS

ÁSIA

O WHISKY ASIÁTICO ESTÁ EM ALTA desde antes da virada do milênio. O Japão tem ocupado o centro do interesse, mas novos produtores da Índia e Taiwan estão logo atrás.

Embora em grande parte inspiradas pelos métodos escoceses de produção, as destilarias dessa região do mundo aprenderam a se beneficiar do clima e ingredientes locais. Seja a cevada indiana cultivada no Himalaia ou os barris feitos do aromático carvalho mizunara japonês, que também é cultivado nas encostas do Monte Fuji (à esquerda), o whisky asiático é diferenciado em relação aos produzidos em ambientes mais tradicionais. E isso sem falar do clima subtropical de Taiwan, que estimula a rápida maturação dos destilados.

O resultado é uma variedade de whiskys saborosos que estão chamando a atenção. E os especialistas concordam: os whiskys asiáticos acumulam cada vez mais prêmios ao redor do mundo.

LOCALIZAÇÃO

O Japão tem quase 7 mil ilhas. As quatro principais são: Honshu, Kyushu, Hokkaido e Shikoku.

O Japão é montanhoso e em grande parte coberto por florestas, exceto nas áreas urbanas e zonas costeiras. O clima é relativamente quente, variando de úmido, subtropical a tropical no sul, até muito frio em Hokkaido. O Japão é suscetível a terremotos e tsunamis, pois está localizado sobre uma série de falhas tectônicas. A maioria das destilarias do país fica na ilha principal de Honshu, algumas perto de cidades ou no litoral, outras "escondidas" em florestas e aninhadas em montanhas.

▶ **Monte Fuji.** A montanha mais alta do país, nos Alpes Centrais, é um símbolo nacional do Japão.

AS DESTILARIAS

Dois grandes fabricantes dominam a indústria de whisky do Japão: Nikka e Suntory, proprietárias de duas destilarias cada.

Essas destilarias possuem instalações para a produção de grain whisky e produzem whiskys single malt, blended malt e single grain. A Nikka e a Suntory não trocam barris de whisky para o blending, como é a prática na Escócia. Muitas destilarias estão sendo abertas no Japão, surfando na onda da popularidade do whisky japonês nos últimos anos. Das novas destilarias, a Chichibu é um bom exemplo do cenário atual do whisky japonês.

▲ **Dando espaço para o novo.** Novos alambiques foram instalados na Hakushu em 2014 – a primeira modernização da destilaria em 33 anos.

HISTÓRICO

As leis japonesas permitem adicionar whiskys de outros países aos chamados "blended Japanese whiskies".

Alguns produtores usam essa brecha para explorar a boa reputação do whisky japonês. Mas a maioria das destilarias consolidadas e respeitadas não segue essa prática, inclusive lutando para mudar essas leis ultrapassadas. Evite comprar bebidas rotuladas como "japanese blended whisky" de um produtor que não conhece ou que não foi recomendado por uma fonte confiável.

149

ÁSIA

DEGUSTAÇÃO
15 / 20

WHISKYS JAPONESES

Para esta degustação, o foco será as duas maiores destilarias japonesas, Nikka e Suntory, e seus famosos whiskys single e blended malt.

A DEGUSTAÇÃO

A Nikka e a Suntory produzem os whiskys japoneses mais fáceis de encontrar. Da Suntory, vem a destilaria que deu início a tudo – a Yamazaki – além de um whisky da versátil Hakushu. Você também vai degustar um blended malt da Nikka, que leva o nome do fundador, e um single malt da Yoichi.

A LIÇÃO

Você notou as diferenças entre os single malts? O Yamazaki é o mais doce e fragrante, com um perfil rico e notas de mel e florais. O Hakushu, em comparação, é contido, levemente defumado e com mais notas cítricas. O Yoichi é o mais turfoso. O Taketsuru, um blend de Yoichi e Miyagikyo, é um bom exemplo de combinação de whiskys de apenas duas destilarias.

VOCÊ NOTOU AS DIFERENÇAS ENTRE OS SINGLE MALTS?

THE HAKUSHU DISTILLER'S RESERVE
WHISKY SINGLE MALT
JAPÃO
43% ABV

SE NÃO ENCONTRAR, use o Allt-A-Bhainne

CORPO 3 — Fundada em 1973, Hakushu já foi a destilaria de maior capacidade do mundo.

 PALHA DOURADA

 TANGERINA; coco e baunilha doce e sutil; notas de fumaça de turfa

 CÍTRICO DE LARANJA, seguido de especiarias que formigam na boca; fumaça de turfa distante e persistente

LONGO; ACIDEZ SUCULENTA; um toque de fumaça

MAPA DE SABORES — AMADEIRADO, FRUTADO, FLORAL, CEREAL, PICANTE, TURFOSO

 GOSTOU? Experimente o Kilkerran 12 anos

THE YAMAZAKI DISTILLER'S RESERVE

WHISKY SINGLE MALT

JAPÃO
43% ABV

SE NÃO ENCONTRAR, use o Hibiki Harmony

CORPO	
3	A destilaria de whisky mais antiga do Japão, fundada em 1923.

OURO AMARELADO

PERFUMADO e fragrante. Frutas tropicais e de pomar. Um toque de baunilha com especiarias

MEL NÃO PROCESSADO; marmelada. Pêssegos e creme. Um toque de gengibre e especiarias

LONGO, BASTANTE PICANTE e complexo

GOSTOU? Experimente o Craigellachie 13 anos

NIKKI YOICHI

WHISKY SINGLE MALT

JAPÃO
45% ABV

SE NÃO ENCONTRAR, use o Bunnahabhain 12 anos

CORPO	
3	A destilaria foi construída em Hokkaido por seu clima e topografia "escoceses".

PALHA PÁLIDA

FRUTA DE POMAR DEFUMADA; vibrante, com limão fresco e toranja-rosa açucarada

PÊSSEGOS CARNUDOS E CHAMUSCADOS, pimenta-branca, um toque de baunilha. Fumaça de fundo

LONGO, DOCE, complexo e elegante

GOSTOU? Experimente o Glenglassaugh Revival

NIKKA TAKETSURU PURE MALT

WHISKY BLENDED MALT

JAPÃO
43% ABV

SE NÃO ENCONTRAR, use o Nikka Pure Malt Black

CORPO	
3	Blended malt batizado em honra a uma das figuras mais influentes do whisky japonês.

ÂMBAR PÁLIDO

PRESUNTO DEFUMADO; laranja, geleia de damasco; bolo jamaicano de gengibre, creme de leite coalhado

NOTAS FLORAIS; cereal maltado, amêndoas defumadas, marshmallow tostado, especiarias

FINAL DELICADO, médio. Um toque de fumaça

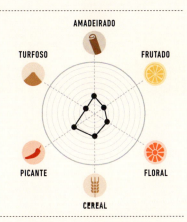

GOSTOU? Experimente o Great King St Blend

DEGUSTAÇÃO 15/20

A HISTÓRIA POR TRÁS DE...

A ASCENSÃO DO WHISKY JAPONÊS

Em apenas 100 anos, o Japão passou de nenhuma produção de whisky a produtor de alguns dos whiskys mais respeitados e condecorados do mundo, e grande parte disso é resultado da visão de dois grandes homens.

▲ **Masataka Taketsuru** é uma figura venerada nos círculos de whisky japoneses e mundiais. Uma estátua de bronze foi erigida em sua homenagem na cidade de Yoichi, Hokkaido, onde ele fundou sua primeira destilaria.

DO JAPÃO À ESCÓCIA E DE VOLTA AO JAPÃO

Masataka Taketsuru (1894–1979) nasceu em uma família de produtores de saquê em Hiroshima. Mas sua obsessão pelo whisky o atraiu à Settsu Shuzo, uma empresa inovadora de saquê que fazia experimentos com a produção de whisky.

O presidente da Settsu Shuzo enviou Taketsuru à Escócia em julho de 1918 em uma missão para aprender a produzi-lo. Em apenas três anos estudando na Universidade de Glasgow, Taketsuru adquiriu insights, conhecimento e experiência estagiando em diversas destilarias, como a Longmorn, em Speyside, e a Hazelburn, em Campbeltown. Também foi na Escócia que ele conheceu e se casou com Rita Cowan, irmã de um jovem a quem ele ensinava judô. O casal voltou ao Japão em 1921 e Taketsuru se pôs a aplicar o que aprendeu.

Depois de ajudar a estabelecer a primeira destilaria de whisky de malte do Japão (veja a seguir), Taketsuru e Rita se mudaram para Hokkaido, cuja topografia e clima lembram as Highlands da Escócia.

Em 1934, Taketsuru abriu a destilaria Yoichi, que se tornaria a renomada Nikka Whisky Company.

O JAPÃO NO MAPA DO WHISKY

O tamanho, a escala e o alcance global do whisky japonês se devem em grande parte a um homem: Shinjiro Torii (1879–1962). Torii atuava como atacadista farmacêutico e era estudioso da química da destilação. Abriu um negócio de vinhos e licores em 1899, mas passou a produzir whisky quando viu as possibilidades comerciais da bebida. Quando

Masataka Taketsuru voltou da Escócia, em 1921, Torii o convenceu a sair da Settsu Shuzo. Juntos, eles criaram a Yamazaki, a primeira destilaria de whisky de malte do Japão, que iniciou a produção em 11 de novembro de 1924.

Taketsuru saiu da Yamazaki para fundar a Yoichi, e Torii, um empreendedor visionário, construiu o que viria a se tornar a superpotência global do whisky japonês, a Suntory.

As bases lançadas por esses dois homens, Taketsuru e Torii, ajudaram a fazer do whisky japonês o que é hoje: um dos melhores do mundo. Suas conquistas são ainda mais louváveis quando lembramos que a indústria de whisky do país tem menos de 100 anos.

TAKETSURU E TORII AJUDARAM A FAZER DO WHISKY JAPONÊS O QUE É HOJE: UM DOS MELHORES DO MUNDO.

▶ **Yoichi Single Malt.** A destilaria o descreve como ousado, forte e "agradavelmente turfoso" com um "toque de maresia", por conta de sua localização costeira.

◀ **Os whiskys da Yamazaki** ganharam a premiação "Melhor do Mundo" em 2013 e 2015 e estão entre os mais cobiçados do mercado.

APRECIE O LOCAL

Rio Narmada

Himalaia, a cadeia de montanhas mais alta do mundo

LEGENDA

ALAMBIQUE DE POTE

Délhi

Guwahati

Calcutá

Ganges, o rio mais extenso da Índia, com 2.525km

ÍNDIA

Mumbai

Gates Orientais Cordilheira fértil

Rio Godavari

Gates Ocidentais Cordilheira mais antiga que o Himalaia

Bangalore

Chennai

"BRILLIANCE" SINGLE MALT

JOHN DISTILLERS
Utiliza cevada de seis fileiras, mais "robusta": a Escócia utiliza cevada de duas fileiras

PEATED SINGLE MALT

AMRUT
Fundada em 1948, um ano após a Independência

PRIMEIRA PRODUÇÃO DE WHISKY 1855

PRINCIPAL ESTILO DE WHISKY Single malt

PRINCIPAIS DESTILARIAS
- Amrut, Bangalore
- John Distilleries, Goa

NÚMERO DE DESTILARIAS 2

ÍNDIA

A Índia tem um grande fascínio pelo whisky, satisfeito sobretudo por whiskys escoceses importados ou "whiskys" nacionais baratos. Mas o que dizer dos whiskys indianos premium?

LOCALIZAÇÃO

A Índia é um país do sul da Ásia cercado em grande parte pelo mar ao sul, leste e oeste.

A Índia faz fronteira com o Paquistão, China, Nepal e Bangladesh, entre outros, e tem 1,2 bilhão de habitantes. O Himalaia fica ao norte e a Índia é, em geral, bastante montanhosa. Mas, sendo um grande subcontinente de 3,29 milhões de km², também tem vastos desertos, planícies férteis (sobretudo ao longo de rios como Ganges e Narmada) e pântanos propensos a inundações na estação das monções. O clima é quente: de temperado/frio no norte a tropical no sul, o que acelera o tempo de maturação do whisky.

▶ **A cidade sagrada de Varanasi** vista do rio mais sagrado da Índia, o Ganges.

AS DESTILARIAS

O whisky premium indiano está em alta, mas muitas destilarias falsas produzem bebidas com melaço e as vendem como whisky.

As duas principais destilarias da Índia são a Amrut, em Bangalore, e a John Distilleries, em Goa. A Amrut começou com um "whisky" indiano barato, mas no início da década de 1990 iniciou a produção de seus single malts. Já a John Distilleries tem no blend Original Choice seu best-seller, e seus single malts, lançados em 2012, estão cada vez mais populares.

▲ **Fundada em 1996**, a Paul John Whisky cresceu rapidamente e hoje produz o sétimo whisky mais vendido do mundo.

HISTÓRICO

A Kasauli, a primeira destilaria da Índia, foi construída na década de 1850 pelo britânico Edward Dyer, a 1.829m de altitude, no Himalaia.

Dyer queria "produzir um whisky de malte tão refinado quanto o whisky escocês". Mas hoje a maior parte do whisky produzido na Índia é mediana, e os consumidores ricos preferem marcas símbolos de "status", como a Johnnie Walker. Novas destilarias artesanais de qualidade estão surgindo, equanto a Amrut e a John Distillers fornecem para o mercado interno e exportam para lugares como Reino Unido, Europa e Estados Unidos.

APRECIE O LOCAL

TAIWAN

Ao contrário do Japão e da Índia, Taiwan não tem tradição de fabricação de whisky e está criando sua história do zero. Por que Taiwan? E por que agora?

PRIMEIRA PRODUÇÃO DE WHISKY
2006

PRINCIPAIS ESTILOS DE WHISKY
Single malt, single pot still, blended whisky

PRINCIPAIS DESTILARIAS
- Kavalan
- Nantou

NÚMERO DE DESTILARIAS 2

KAVALAN
SINGLE MALT
Entre seus whiskys premiados está o "Concertmaster"

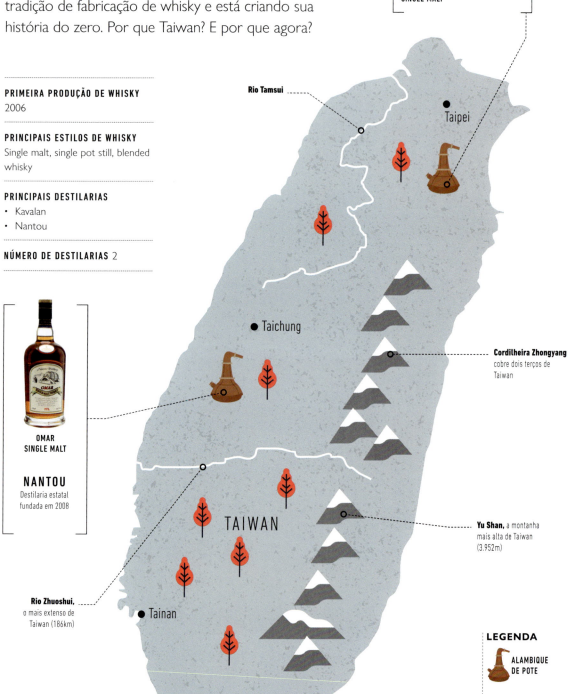

OMAR SINGLE MALT

NANTOU
Destilaria estatal fundada em 2008

Rio Tamsui

Taipei

Taichung

Cordilheira Zhongyang cobre dois terços de Taiwan

TAIWAN

Yu Shan, a montanha mais alta de Taiwan (3.952m)

Rio Zhuoshui, o mais extenso de Taiwan (186km)

Tainan

LEGENDA
ALAMBIQUE DE POTE

LOCALIZAÇÃO

Taiwan é uma ilha a 160km da costa sudeste da China.

Com apenas 394km de extensão, Taiwan, antes conhecida como Formosa, é coberta por altas e verdejantes montanhas ao leste. O terço restante do país é em grande parte formado por planícies planas a oeste. O sul é quente, com um clima tropical de monções, enquanto o norte tem mais chuvas e maiores variações de temperatura. A destilaria Kavalan fica no nordeste, quente e úmido, o que acelera a maturação do whisky. O Omar é produzido na destilaria Nantou, no centro de Taiwan, onde o clima mais frio e a paisagem montanhosa são mais "escoceses".

▶ **Taipei,** a capital de Taiwan, e seus arredores abrigam cerca de um terço dos 23,5 milhões de habitantes do país.

AS DESTILARIAS

Taiwan aderiu à Organização Mundial do Comércio (OMC) em 2002.

Com a flexibilização das leis comerciais, a Kavalan, a primeira destilaria não estatal do país, foi aberta sob a visão de T. T. Lee, fundador do King Car Group, que sonhava com uma destilaria que rivalizaria com a Escócia. Seu primeiro whisky foi produzido em março de 2006. A outra destilaria de Taiwan, Nantou, é estatal. Originalmente uma cervejaria e vinícola, em 2008 quatro alambiques de cobre feitos pela Forsyths deram início à produção do whisky Omar.

▲ **Lee Yu-Ting,** CEO da Kavalan, prova os produtos da empresa na sala de degustação repleta de barris.

HISTÓRICO

Ao planejarem a destilaria, os donos da Kavalan recorreram a Jim Swan, grande mestre do whisky.

Swan, falecido em 2017, foi crucial na fundação de inúmeras destilarias, como as Kilchoman, Penderyn e The Cotswolds, no Reino Unido, e a Amrut na Índia. Sua especialidade era criar destilados "redondos" de rápida maturação. Swan encontrou as condições ideais em Taiwan. O clima quente e úmido de Taiwan acelera a maturação do whisky no barril, e os whiskys Kavalan e Omar, embora recentes, são cada vez mais bem conceituados.

DEGUSTAÇÃO 16/20

WHISKYS ASIÁTICOS

Vamos degustar quatro single malts com potencial de sucessos mundiais de Taiwan e da Índia, duas regiões asiáticas com histórias relativamente recentes, mas interessantes na produção de whisky.

A DEGUSTAÇÃO

Embora não tenham tradição na produção de whisky, as destilarias de Taiwan e muitas da Índia ganharam destaque, superando países consolidados em degustações às cegas. Todos os whiskys aqui são produzidos pelo método "escocês" de dupla destilação de cevada maltada em alambiques de pote.

A LIÇÃO

Nenhum desses whiskys tem mais de quatro anos. Será que são jovens demais? Não necessariamente, pois os whiskys de regiões quentes e úmidas levam menos tempo para maturar do que os de áreas temperadas, extraindo o sabor do barril mais rápido. Mantenha em mente que a idade, embora muito importante, também está ligada à procedência.

A IDADE, EMBORA MUITO IMPORTANTE, TAMBÉM ESTÁ LIGADA À PROCEDÊNCIA

KAVALAN CLASSIC
WHISKY SINGLE MALT
YILAN, TAIWAN
40% ABV

SE NÃO ENCONTRAR, use o Glenmorangie 10 anos

CORPO 2 — Para fazer seu whisky mais emblemático, a Kavalan usa barris ex-bourbon.

ÂMBAR DOURADO

SALADA DE FRUTAS TROPICAIS doce e fragrante. Nota sutil de mentol

PÊSSEGOS SUCULENTOS, damascos, geleia de laranja de Sevilha, amêndoas adoçadas

LONGO E SUAVE com um leve toque picante

MAPA DE SABORES: AMADEIRADO, FRUTADO, FLORAL, CEREAL, PICANTE, TURFOSO

GOSTOU? Experimente o Solist Bourbon Cask

OMAR BOURBON CASK

WHISKY SINGLE MALT

NANTOU, TAIWAN
46% ABV

SE NÃO ENCONTRAR,
use o Nikka Miyagikyo

CORPO	
3	A destilaria é estatal e produz a segunda marca de whisky de Taiwan.

PALHA DOURADA

CASCA DE LIMÃO CHAMUSCADO, alcaçuz de morango; um toque de anis

TORTA DE MAÇÃ com passas brancas e casca de limão. Notas sutis de umami

ESPECIARIAS SE ACUMULAM como a fumaça de um charuto fino e persistente

GOSTOU? Experimente o King Car Conductor

AMRUT FUSION

WHISKY SINGLE MALT

BANGALORE, ÍNDIA
50% ABV

SE NÃO ENCONTRAR,
use o Ardbeg Uigeadail

CORPO	
4	Uma fusão de cevada maltada indiana com cevada maltada turfada escocesa.

ÂMBAR PÁLIDO

GELEIA DE LARANJA QUEIMADA, canela, cravo e presunto curado

MEL INFUNDIDO em fumaça de turfa. Especiarias, como uma feira indiana

LONGO, SUNTUOSO, DOCE. Bastante oleoso no final

GOSTOU? Experimente o Paul John Peated

PAUL JOHN BOLD

WHISKY SINGLE MALT

GOA, ÍNDIA
46% ABV

SE NÃO ENCONTRAR,
use o Port Charlotte 10 anos

CORPO	
4	A destilaria usa alambiques de pote de cobre fabricados na Índia.

ÂMBAR PÁLIDO

AMÊNDOAS DEFUMADAS, chips de bacon defumado, notas de eucalipto

DAMASCO E MARACUJÁ envoltos em fumaça de turfa; notas mentoladas frescas

O MENTOLADO PERSISTE, "protegendo" o paladar do picante ao fundo

GOSTOU? Experimente o Amrut Peated

DEGUSTAÇÃO 16/20

HEMISFÉRIO SUL

ATÉ RECENTEMENTE, era raro um whisky produzido ao sul do Equador constar em listas de "melhores do mundo". Mas isso está mudando.

Na liderança está a Tasmânia, uma das regiões produtoras de whisky mais vibrantes e inovadoras do mundo. Por isso a separamos da Austrália e lhe demos a própria seção. Também vale a pena explorar a Austrália continental e a Nova Zelândia (na página ao lado, o Lago Tekapo), sobretudo a influência do movimento da temperança, que ao mesmo tempo dificultou e ajudou a produção de whisky nesses países.

Depois temos a África do Sul, um país que está emergindo de décadas de agitação e incerteza para criar sua própria identidade de destilação de whisky.

Se você ainda não conhece os whiskys do hemisfério sul, chegou a hora de corrigir isso.

APRECIE O LOCAL

TASMÂNIA

Esta ilha é para a Austrália o que Islay é para a Escócia. Na verdade, a Tasmânia é ainda mais importante para a indústria de whisky australiana, e seus produtos são muito apreciados.

LEGENDA
ALAMBIQUE DE POTE

LOCALIZAÇÃO

HELLYERS ROAD
Seu Original Roaring Forty (foto) é envelhecido em carvalho americano
SINGLE MALT

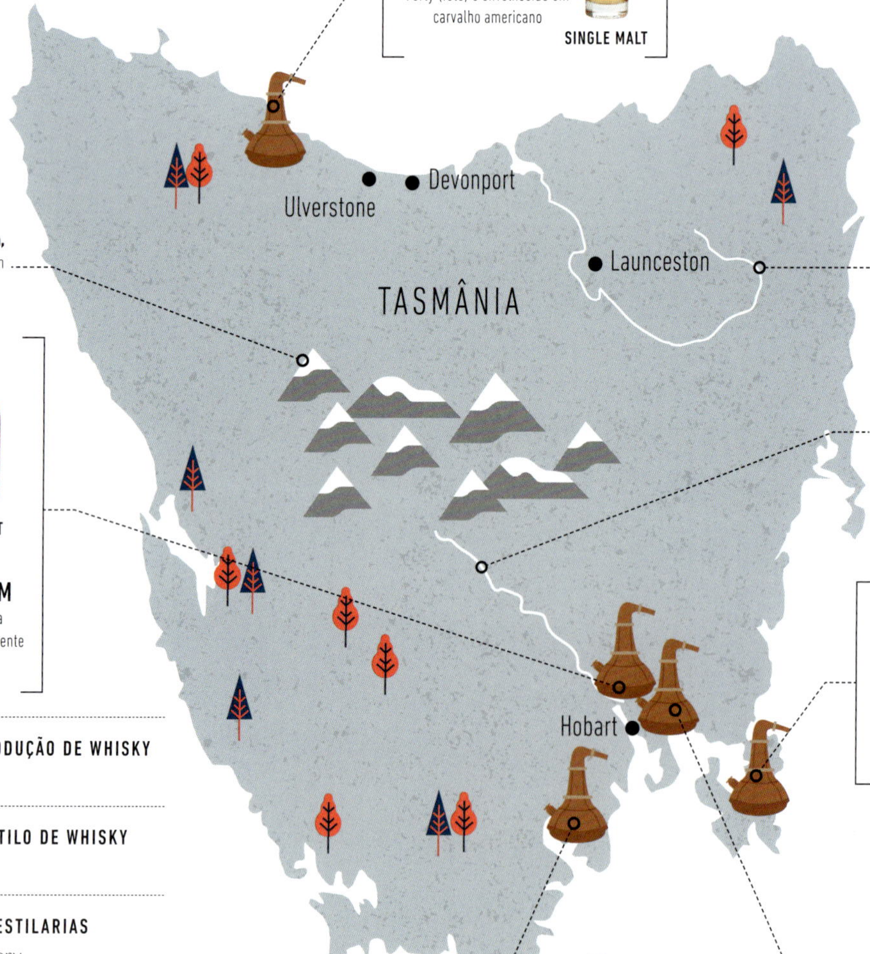

Monte Ossa, 1.617m

Rio South Esk, o mais extenso da Tasmânia (252km)

Rio Derwent, que flui pela capital, Hobart

Devonport
Ulverstone
Launceston
TASMÂNIA
Hobart

OVEREEM
SINGLE MALT
Utiliza cevada produzida localmente

WILLIAM McHENRY AND SONS
A destilaria familiar mais ao sul da Austrália

LARK
Fundada pelo "padrinho" do whisky da Tasmânia, Bill Lark

SULLIVANS COVE
SINGLE MALT
Vencedor do "Melhor do Mundo" em 2014

PRIMEIRA PRODUÇÃO DE WHISKY
1822

PRINCIPAL ESTILO DE WHISKY
Single malt

PRINCIPAIS DESTILARIAS
- Lark Distillery
- Sullivans Cove
- Hellyers Road
- William McHenry and Sons
- Overeem

NÚMERO DE DESTILARIAS
Aprox. 20

LOCALIZAÇÃO

O clima temperado da Tasmânia lembra mais o Reino Unido ou a Nova Zelândia do que o continente australiano.

É por isso que a Tasmânia é conhecida como a "Ilha do Whisky". As condições são ideais para a produção, e a Tasmânia se tornou uma espécie de superpotência regional da destilação. Localizada a 240km do continente, a Tasmânia é montanhosa e tem densas florestas, apesar de também ter grandes extensões de terras cultiváveis férteis, sobretudo nas regiões centrais. A cevada é abundante e cultivada localmente, uma das razões pelas quais a ilha está ganhando fama como produtora de whiskys single malt de altíssima qualidade.

▶ **O Parque Nacional Southwest** é um Patrimônio Mundial da Unesco. Uma região selvagem, com apenas uma curta estrada.

AS DESTILARIAS

Em 2014, a Tasmânia tinha nove destilarias de whisky. Hoje são mais de 20, produzindo também outras bebidas destiladas.

A primeira fábrica moderna de whisky da ilha foi a Lark, inaugurada em 1992, seguida de perto pela Sullivan's Cove, em 1994. A maioria dos produtores da Tasmânia produz pequenos lotes de barril único. As respeitadas destilarias de whisky da Tasmânia produzem cerca de 200 mil litros anualmente. Islay produz cem vezes essa quantidade. Na Tasmânia, o foco está na qualidade, não na quantidade, como demonstra sua crescente coleção de prêmios.

▲ **O French Oak Cask 2014** da Sullivans Cove foi o primeiro whisky fora da Escócia ou do Japão a ser eleito o melhor do mundo.

HISTÓRICO

A Tasmânia, como a Austrália continental, tinha uma promissora indústria de whisky no início do século XIX.

Mas, em 1839, a Lei de Proibição de Destilação da Austrália interrompeu a produção e as destilarias só voltaram a operar na Tasmânia mais de 150 anos depois, graças a Bill Lark, um nativo da ilha. Certo dia, pescando truta, ele percebeu o potencial da ilha para a produção de whisky. Em 1992 Lark conseguiu revogar a lei, abriu a própria destilaria de single malt e ajudou outros empreendedores a fazer o mesmo.

AUSTRALÁSIA

A Austrália continental e a Nova Zelândia têm longas tradições de produção de whisky. Vamos ver o que esses países estão fazendo hoje – excluindo a Tasmânia, que vimos anteriormente.

PRIMEIRA PRODUÇÃO DE WHISKY
Início do século XIX

PRINCIPAIS ESTILOS DE WHISKY Single malts, whiskys à base de milho e whiskys de centeio

PRINCIPAIS DESTILARIAS
- Starward, Victoria (Aust.)
- Great Southern Distilling Co., Austrália Ocidental (Aust.)
- Archie Rose, Nova Gales do Sul (Aust.)
- Thomson Whisky Distiller, Riverhead (NZ)
- Cardrona Distillery, Otago (NZ)

NÚMERO DE DESTILARIAS Aprox. 90

ARCHIE ROSE Permite que os clientes "criem" seus próprios blends

SINGLE MALT

STARWARD Sediada em uma região vinícola

WHIPPER SNAPPER Produz whisky ao estilo dos Estados Unidos

GREAT SOUTHERN DISTILLING CO. Fundada em 2004

LIMEBURNERS SINGLE MALT

THOMSON WHISKY DISTILLERY Fundada em 2014

CARDRONA DISTILLERY 100% de propriedade e operação familiar

Uluru, também chamado de Ayers Rock (863m)

Aoraki/Mount Cook, 3.764m. A montanha mais alta da Nova Zelândia

LEGENDA
- ALAMBIQUE DE COLUNA
- ALAMBIQUE DE POTE

APRECIE O LOCAL

LOCALIZAÇÃO

Os 7,7 milhões de km² da Austrália são de desertos, florestas tropicais e montanhas cobertas de neve.

O clima varia de "desértico quente" no interior, a "savana tropical" no extremo norte e "oceânico quente/temperado" no sudeste. A maioria das destilarias fica na costa, perto das grandes cidades, ou mais para o interior, no sudeste mais frio – boas áreas para a produção de whisky. A Nova Zelândia fica 1.900km a sudeste da Austrália. A Ilha do Sul é dominada pelos Alpes do Sul, e a Ilha do Norte é composta sobretudo por planícies e planaltos vulcânicos. O clima é úmido no oeste da Ilha do Sul, e quente e seco mais ao norte.

▶ **As Montanhas Azuis** estendem-se das proximidades de Sydney, Austrália, e abrangem sete parques nacionais e uma reserva.

AS DESTILARIAS

O afrouxamento das leis de destilação nos anos 1990 impulsionou a indústria de whisky australiana.

A Whipper Snapper (East Perth) e a Archie Rose (Sydney) produzem whiskys dos estilos norte-americano e escocês. A Starward (Melbourne) produz single malts maturados em barris de vinho para o público internacional. Na Nova Zelândia, o "boom" das microdestilarias é pequeno, mas significativo. Um grupo de novos fabricantes está superando os efeitos do longo período de proibição para explorar o clima favorável e criar uma nova tradição de whiskys.

▲ **A Archie Rose,** artesanal, produz destilados inovadores, como um whisky de centeio não envelhecido e um gim defumado.

HISTÓRICO

A produção de whisky australiano começou em 1822, na Tasmânia, antes de algumas destilarias escocesas.

A primeira grande destilaria do continente, a Corio, foi inaugurada em 1929 em Melbourne. Ela fechou em 1989, mas em seu auge produziu mais de 2,2 milhões de litros de whisky, quatro vezes o total de todas as destilarias australianas hoje. A Willowbank foi inaugurada em 1974, ano que a Nova Zelândia suspendeu a proibição da fabricação de whisky. Apesar de ter fechado em 1997, seus produtos continuam cobiçados.

HEMISFÉRIO SUL

ÁFRICA DO SUL

A produção de whisky na África do Sul, antes restrita a uma única destilaria de destaque, era de nicho e com pouca visibilidade. Esse nicho está ganhando destaque e vale a pena ser explorado.

PRIMEIRA PRODUÇÃO DE WHISKY
Fim do século XIX

PRINCIPAIS ESTILOS DE WHISKY
Blended whisky, single malt, single grain

PRINCIPAIS DESTILARIAS
- James Sedgwick Distillery
- Drayman's
- Boplaas

NÚMERO DE DESTILARIAS 3

DRAYMAN'S
Microcervejaria inaugurada em 1997 que hoje produz whisky single malt
"SOLERA" BLENDED

Rio Orange, o mais extenso da África do Sul, com 2.200km

Rio Vaal

Pretória
Johanesburgo
Bloemfontein
Durban

Cinturão do Cabo. Com suas formações dramáticas, inclui a Table Mountain

Cidade do Cabo

JAMES SEDGWICK DISTILLERY
Whisky lançado sob os rótulos Three Ships e Bain's
BAIN'S SINGLE GRAIN

BOPLAAS
Seu blended whisky é envelhecido em barris ex-brandy

Cordilheira Drakensberg, o limite oriental da Grande Escarpa da África do Sul

Mafadi, o pico mais alto da África do Sul (3.450m)

LEGENDA
ALAMBIQUE DE COLUNA
ALAMBIQUE DE POTE

LOCALIZAÇÃO

HEMISFÉRIO SUL

LOCALIZAÇÃO

A África do Sul é cercada pelos oceanos Atlântico Sul e Índico.

Também faz fronteira com a Namíbia, Botsuana, Zimbábue, Moçambique e eSwatini. Sua topografia é dominada por um alto planalto central. As planícies costeiras abrigam famosas áreas vinícolas e duas das três principais destilarias do país. O planalto é dividido em regiões, com microclimas desérticos a noroeste e pastagens a leste, onde fica a terceira principal destilaria, em uma área designada como "tropical" (ideal para a rápida maturação do whisky). O clima em geral é "desértico quente" a noroeste e "oceânico" a sudeste.

▶ **O "Anfiteatro" de Drakensberg** é uma das maravilhas naturais da África do Sul, um penhasco vertical de 5km de extensão.

AS DESTILARIAS

Fundada em 1886, a James Sedgwick começou a produzir whisky single malt em 1991.

Foi quando Andy Watts, natural de Yorkshire, Inglaterra, assumiu a gerência da destilaria, que passou a produzir whiskys estilo escoceses, realizando todos os processos nas instalações, exceto a maltagem. Seus alambiques de pote e de coluna produzem whiskys de malte e de grão. Sua capacidade de produção supera todas as destilarias de whisky da Austrália juntas. A Drayman's, a leste de Pretória, e a Boplaas, em Calitzdorp, também passaram a produzir whisky.

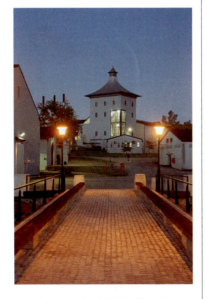

▲ **A James Sedgwick Distillery** fica em Wellington, na região vinícola de Cape Winelands, na África do Sul.

HISTÓRICO

A primeira destilaria de whisky licenciada da África do Sul foi a De Eerste Fabrieken (A Primeira Fábrica).

Inaugurada em 1883, produzia "whisky" não envelhecido para os mineiros de Pretória. Nos anos 1960, a moderna R&B Distillery, fabricante de grain whisky, foi construída em Stellenbosch. Quando o grupo Stellenbosch Farmers' Winery (SFW) a comprou, ela se tornou o berço do whisky Three Ships. Com a demanda crescente, a produção foi transferida para a James Sedgwick Distillery, que produzia brandy e outras bebidas destiladas desde 1886.

DEGUSTAÇÃO 17/20

WHISKYS DO HEMISFÉRIO SUL

BAIN'S CAPE WHISKY
WHISKY SINGLE GRAIN
WELLINGTON, ÁFRICA DO SUL
40% ABV

Vamos degustar três whiskys australianos e um sul-africano para ver a qualidade das bebidas produzidas no hemisfério sul, uma das regiões de whisky mais vibrantes do mundo.

SE NÃO ENCONTRAR, use o Kilbeggan Single Grain 8 anos

CORPO 1 — O único whisky single grain da única destilaria comercial da África do Sul.

A DEGUSTAÇÃO

A maioria dos whiskys australianos e sul-africanos são single malts ou blends ao estilo escocês. Whiskys de centeio e ao estilo bourbon também são populares, como o Tiger Snake. Adicione um single grain sul-africano do tipo aperitivo e dois single malts, um deles turfado, e você terá uma boa ideia dos saborosos whiskys do hemisfério sul.

A LIÇÃO

Como em qualquer região com pouca tradição em destilação, esta degustação mostrará que séculos de história não são um pré-requisito para fazer whiskys interessantes e inovadores. Os quatro whiskys são produzidos em climas que aceleram a maturação, fazendo com que a idade declarada em seus rótulos não seja tão relevante quanto seria na Escócia, por exemplo.

OURO INTENSO

MARSHMALLOWS MACIOS e algodão doce, com um toque de raspas de limão

BOLO COM COBERTURA DE LIMÃO; sorvete de limão e baunilha, suavizando o paladar

LONGO, DOCE, ACIDULADO; especiarias refrescantes de mentol e baunilha

MAPA DE SABORES: AMADEIRADO, FRUTADO, FLORAL, CEREAL, PICANTE, TURFOSO

GOSTOU? Experimente o Teeling Single Grain

VOCÊ TERÁ UMA BOA IDEIA DOS SABOROSOS WHISKYS DO HEMISFÉRIO SUL

TIGER SNAKE
WHISKY SINGLE GRAIN
ALBANY, AUSTRÁLIA OCIDENTAL
43% ABV

SE NÃO ENCONTRAR, use o Jim Beam Old Grand-Dad

CORPO 3	Uma versão da Austrália Ocidental de um Tennessee clássico ou bourbon sour mash.

ÂMBAR PÁLIDO

MARZIPÃ DOCE COM NOTAS DE ESPECIARIAS; flores recém-colhidas; toffee de dar água na boca

ESPECIARIAS FRESCAS; frutas maduras; ervas frescas e fragrantes; um toque de caramelo com notas de pimenta

FINAL LONGO; um toque cítrico vibrante

GOSTOU? Experimente o Woodford Reserve

STARWARD NOVA
WHISKY SINGLE MALT
MELBOURNE, AUSTRÁLIA
41% ABV

SE NÃO ENCONTRAR, use o The Lakes Distiller's Reserve

CORPO 4	A Melbourne's Starward usa barris ex-vinho tinto.

ÂMBAR INTENSO

MAÇÃS COZIDAS e ruibarbo. Frutas tropicais, baunilha; notas de umami e "carnudas"

GELEIA DE MORANGO ACIDULADA, toranja-rosa vibrante, canela reconfortante, caramelo

AVELUDADO, com acidez de dar água na boca e um toque de baunilha

GOSTOU? Experimente o Kavalan Conductor

HELLYERS ROAD PEATED
WHISKY SINGLE MALT
HAVENVIEW, TASMÂNIA
46,2% ABV

SE NÃO ENCONTRAR, use o Bakery Hill Peated

CORPO 4	Da Tasmânia, a "Ilha do Whisky" australiana, com suas nove destilarias.

OURO PÁLIDO

GRAMA QUEIMADA e samambaia; fumaça oleosa; linhaça, limão grelhado, alcatrão de carvão

FOGUEIRA ARDENTE; fumaça de cigarro, abacaxi queimado; pimenta; especiarias

FINAL SECO E LONGO; as brasas fulgurantes de uma fogueira

GOSTOU? Experimente o Connemara Turf Mor

169 | DEGUSTAÇÃO 17/20

EUROPA

INSPIRADA PELOS MOVIMENTOS de fabricação artesanal e microdestilação, a Europa está se tornando um importante centro de produção de whisky. Motivadas pelo amor e respeito por essa venerável bebida, as destilarias europeias têm embarcado como nunca em projetos de produção de whisky.

Vamos começar pela Inglaterra (na página anterior, Peak District) e o País de Gales, duas nações relativamente novas na produção de whisky, emergindo da sombra de seu poderoso vizinho ao norte, a Escócia. Depois, faremos um tour pela Europa, chegando ao norte da Escandinávia, descendo pelos Países Baixos até a França, Espanha e Itália, antes de explorar as regiões alpinas da Alemanha, Suíça e Áustria. A grande variedade de whiskys produzidos nessas regiões demonstra o que as "novas" regiões produtoras de whisky são capazes de fazer. E mostram como acidentes climáticos e históricos afetam os estilos de whisky que diferentes países escolhem produzir – e como.

LOCALIZAÇÃO

A Inglaterra e o País de Gales fazem parte do Reino Unido, separado do continente europeu por um estreito canal.

A região é abundante em florestas e terras agrícolas. O sudeste da Inglaterra e os antigos centros industriais do norte são urbanizados, bem como o antigo centro de mineração de carvão do sul de Gales. Trigo, centeio e cevada, adequados para a produção de whisky, são muito cultivados. O clima é temperado, com invernos amenos, verões quentes e muita chuva. Suas destilarias ocupam principalmente cidades ou áreas rurais.

▶ **O rio Wye** faz fronteira entre a Inglaterra e o País de Gales. Seu vale também é uma região vinícola.

AS DESTILARIAS

Em 2000, a Penderyn foi a primeira destilaria em um século a produzir whisky galês.

Para isso, contou com a orientação do guru do whisky, Jim Swan. Quatro anos depois, a Healeys, na Cornualha, começou a destilar whisky inglês. A English Whisky Co. (ou St George's), em Norfolk, abriu em 2006, sendo a primeira destilaria de whisky construída especialmente para esse fim na Inglaterra em 100 anos. Hoje, as indústrias de whisky inglesa e galesa estão em alta, com novos produtores em Yorkshire, Norte de Gales e outros locais.

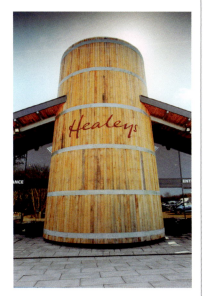

▲ **A Healeys,** mais conhecida por sua sidra, é também a mais antiga fabricante de whisky da Inglaterra, desde 2004.

HISTÓRICO

A topografia, o clima e o cultivo de cevada fazem da Inglaterra e do País de Gales propícios para produzir whisky.

Mas a Inglaterra sempre se focou mais no gim. E, com a indústria de whisky da Escócia ao lado, era difícil competir. As poucas destilarias originais faliram; a última por volta de 1905. A primeira onda de novas destilarias, como a Penderyn e a St George's, é vista como pioneira do movimento global do whisky artesanal — embora, ao lado de novas destilarias como a London Distillery Co. e a Lakes Distillery, elas não se definam dessa forma.

DEGUSTAÇÃO 18/20

WHISKYS INGLESES E GALESES

Há não muito tempo, esta ficha de degustação estaria em branco. Os três whiskys ingleses e o whisky galês sugeridos representam o crescimento da destilação nos dois países e a qualidade de seus produtos.

A DEGUSTAÇÃO

Os whiskys ingleses e galeses entraram no novo milênio com a corda toda. Desde que a The English Whisky Co. de Norfolk iniciou a produção em 2006, novas destilarias surgiram por toda a Inglaterra. Duas empresas fundadas depois de 2017 triplicaram a lista de destilarias galesas. O que você acha do whisky delas?

A LIÇÃO

O Norfolk é um single grain com uma proporção secreta de oito cereais. A Penderyn usa um raro alambique Faraday e barris de vinho Madeira para produzir seu single malt. E duas das mais novas destilarias inglesas, The Cotswolds e The Lakes, mostram o que podem fazer com o single malt. Você sentiu as diferenças entre eles? Qual você preferiu?

OS WHISKYS INGLESES E GALESES ENTRARAM NO NOVO MILÊNIO COM A CORDA TODA

THE NORFOLK FARMERS BLEND
WHISKY SINGLE GRAIN
NORFOLK, INGLATERRA
45% ABV

SE NÃO ENCONTRAR, use o The Norfolk - Parched

CORPO 2 — Da primeira destilaria inglesa construída especialmente para esse fim em mais de 100 anos.

👁 **PALHA DOURADA**

 NOTAS SUTIS DE UMAMI, como batatas fritas salgadas; cítricos doces e baunilha

 ERVAS SECAS e creme de limão. Damascos e pêssegos doces em calda acidulada

 MUITO DOCE, dócil e de persistência média

MAPA DE SABORES

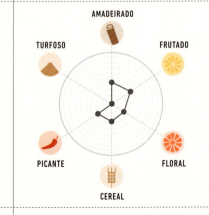

 GOSTOU? Experimente o Nikka Coffey Grain Whisky

PENDERYN MADEIRA CASK

WHISKY SINGLE MALT

BRECON BEACONS, PAÍS DE GALES
40% ABV

SE NÃO ENCONTRAR, use o Jura 12 anos

| CORPO 2 | Destilaria galesa desenvolvida com a ajuda do lendário Jim Swan. |

PALHA DOURADA

PÃO DE MEL, madressilva; creme de baunilha com notas de especiarias

BISCOITO AMANTEIGADO AÇUCARADO, massa de torta doce, arroz-doce; uvas-passas, marzipã

DOCE, BASTANTE LONGO, sutil e fresco

GOSTOU? Experimente o Balvenie Doublewood

THE COTSWOLDS 2014 ODYSSEY

WHISKY SINGLE MALT

COTSWOLDS, INGLATERRA
46% ABV

SE NÃO ENCONTRAR, use o Cotswolds Founder's Choice

| CORPO 3 | Esta destilaria inglesa usa principalmente barris ex-bourbon e ex-vinho tinto. |

OURO PÁLIDO

GELEIA DE MORANGO; biscoitos de mel e canela

TORTA DE DAMASCO ÁCIDO com creme de leite e uma pitada de sal marinho

FINAL LEVE E MÉDIO seguido de cítrico

GOSTOU? Experimente o Oban 14 anos

THE LAKES WHISKYMAKER'S RESERVE NO.1

WHISKY SINGLE MALT

CÚMBRIA, INGLATERRA
61% ABV

SE NÃO ENCONTRAR, use o Adnams Southwold

| CORPO 4 | Ainda em maturação no momento da escrita deste livro. Seu ABV será mais baixo quando for lançado. |

ÂMBAR INTENSO

PERFIL INTENSO E DOMINANTE de bolo de gengibre e especiarias amadeiradas. Cravo sutil, canela e cítricos

TORTA DE MAÇÃ com massa amanteigada e creme. Toranja polvilhada com açúcar mascavo

FINAL LONGO E PICANTE; picância levemente refrescante

GOSTOU? Experimente o Starward Wine Cask

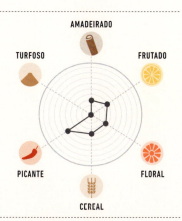

175 — DEGUSTAÇÃO 18/20

NORTE DA EUROPA

O canto superior esquerdo da Europa vem produzindo whiskys muito interessantes. Vamos dar uma olhada no que está acontecendo na Suécia, Finlândia, Dinamarca, Holanda e Bélgica.

LOCALIZAÇÃO

Delimitada pelo Mar do Norte, Atlântico Norte e Mar Báltico, esta parte da Europa é úmida, fresca e gelada, especialmente no norte.

Dinamarca, Bélgica e, especialmente, Holanda são regiões baixas e de clima mais temperado, propícias para a produção de whisky ao estilo escocês. Grandes áreas do oeste da Holanda ficam abaixo do nível do mar, tendo sido recuperadas do Mar do Norte e protegidas de novas inundações pelos famosos diques do país. A Suécia e a Finlândia têm regiões com muitas florestas e montanhas ao norte, com água excelente para produzir destilados, sobretudo onde as duas nações compartilham uma fronteira em direção ao Círculo Polar Ártico.

▶ **A ponte de Oresund** é uma obra-prima da engenharia. São 8km de extensão ligando a Suécia e a Dinamarca.

AS DESTILARIAS

A holandesa Zuidam Distillery produz whisky desde a década de 1990.

Uma famosa destilaria regional é a Mackmyra, fundada em 1999 perto de Gavle, no sudeste da Suécia, por sua inovadora destilaria "à gravidade" de 35m de altura. Do outro lado do golfo de Bótnia, a vizinha Finlândia também produz whiskys interessantes. A dinamarquesa Stauning, fundada em 2006, e a sueca Box, fundada em 2010, trilharam o caminho aberto pela escandinava Mackmyra, contribuindo para um vibrante centro de produção de whisky.

▲ **A sueca Mackmyra** produz vários whiskys em sua destilaria a cerca de 100km ao norte da capital, Estocolmo.

HISTÓRICO

Nenhum desses países tem tradição na produção de whisky e o gim era o destilado mais comum da região.

Bélgica e Holanda são produtoras de gim, e na Escandinávia a vodca é mais popular, assim como a aquavita, um destilado de batatas ou cereais aromatizados com ervas. Mas o consumo de whisky é popular, levando ao desejo de produzir a bebida, usando, como demonstra a destilaria de última geração da Mackmyra (e com a Stauning planejando novas instalações inovadoras), uma abordagem elegante e inteligente.

EUROPA OCIDENTAL

A França, a Espanha e a Itália estão entre os maiores consumidores mundiais de whisky escocês. Também produzem destilados, especialmente single malts e blended whiskies.

PRIMEIRA PRODUÇÃO DE WHISKY
1959

PRINCIPAIS ESTILOS DE WHISKY
Single malt, blended whisky

PRINCIPAIS DESTILARIAS
- Glann ar Mor (França)
- Warenghem (França)
- Puni (Itália)
- Psenner (Itália)
- DYC (Espanha)

NÚMERO DE DESTILARIAS
Aprox. 60

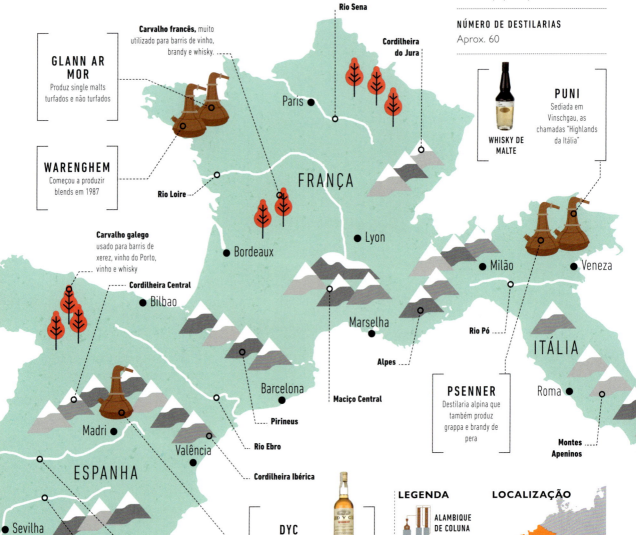

LOCALIZAÇÃO

A Itália, a Espanha e o sul da França desfrutam de um clima quente e mediterrâneo.

O resto da França é mais temperado. As topografias dos três territórios variam muito. Os Pirineus demarcam a fronteira francesa e espanhola, enquanto os Alpes separam partes do sudeste e do norte da Itália, cuja "espinha dorsal" é formada pelos Apeninos. A França ainda é uma nação bastante rural e agrícola. Os três países têm indústrias vinícolas, e a Espanha e a Itália também cultivam azeitonas para uso interno e exportação. Fermentar e destilar álcool faz parte da cultura, mas a produção de whisky é relativamente nova na região.

AS DESTILARIAS

A destilaria mais conhecida da França é a Warenghem, na Bretanha, produtora de single malts desde 1987. Sua marca Armorik foi lançada em 1997.

A Glann ar Mor, na Bretanha francesa, destila maltes turfados e não turfados desde 2005. A Puni, na Itália, abriga novos alambiques Forsyth em um inovador edifício em formato de cubo. A Psenner produz o primeiro whisky single malt da Itália desde 2013, usando barris ex-grappa. A grande destilaria DYC, em Madri, tem capacidade anual de 20 milhões de litros. Desde 2009, produz um single malt de 10 anos, mas sua produção é focada em um whisky mais básico, para ser bebido com refrigerante de cola e gelo — um drinque popular na Espanha.

▲ **A italiana Puni** produz whisky de malte em alambiques de pote de cobre em um elegante cubo de cimento "treliçado".

▲ **O Vale Vinschgau**, em Bolzano, Itália, é um centro da crescente indústria de destilação da região.

HISTÓRICO

A França, a Espanha e a Itália têm uma longa tradição de destilação de conhaque e armagnac, brandy e grappa, respectivamente.

Os três países estão entre os 20 maiores importadores de whisky escocês, com a França em primeiro lugar no mundo em volume. Em vista disso, os aficionados locais de whisky voltaram sua atenção para produzir a própria bebida. O que pode surpreender é que a produção de whisky só começou em 1959, na destilaria DYC, da Espanha. Existem planos de abrir mais destilarias nos três países, e o movimento do whisky artesanal está crescendo, sobretudo na França e Itália. A cultura de produção de whisky está criando raízes na região.

▲ **A produção de brandy,** armagnac e grappa tem mais tradição nesta região do que o whisky.

EUROPA ALPINA

A crescente produção de whisky na Europa Central, especialmente nos Alpes e arredores, demonstra a crescente popularidade da bebida na Alemanha, Áustria e Suíça.

PRIMEIRA PRODUÇÃO DE WHISKY
Início dos anos 1980

PRINCIPAIS ESTILOS DE WHISKY
Single malt, whisky de centeio

PRINCIPAIS DESTILARIAS
- Blaue Maus (Alemanha)
- Stork Club (Alemanha)
- Waldviertel Distillery (Áustria)
- Locher Distillery (Suíça)

NÚMERO DE DESTILARIAS
Aprox. 300

STORK CLUB — Feito na destilaria Spreewood, perto de Berlim — STRAIGHT RYE

BLAUE MAUS — A primeira destilaria da região, fundada em 1983

WALDVIERTEL DISTILLERY — Usa centeio de cultivo local em seus whiskys

LOCHER DISTILLERY — A primeira destilaria de whisky da Suíça — SINGLE MALT

LEGENDA
- ALAMBIQUE DE COLUNA
- ALAMBIQUE DE POTE

LOCALIZAÇÃO

LOCALIZAÇÃO

Classificamos essas três regiões produtoras de whisky como "alpinas", pois muitas de suas destilarias mais notáveis ficam nos Alpes.

Essa cadeia de montanhas ocupa grande parte do sul da Alemanha, centro e sul da Suíça e grande parte da Áustria. A Alemanha, o maior dos três países, é cortada por grandes cursos de água, como os rios Reno, Elba e Danúbio, com densas florestas no interior. Os invernos são frios, e os verões, quentes. A Suíça e a Áustria são mais montanhosas, com climas em geral subárticos e "oceânicos", com invernos muito frios com muita neve e verões curtos, mas quentes.

▶ **O clima e a topografia alpinos** lembram os das Highlands da Escócia, propiciando a produção de whisky.

AS DESTILARIAS

A destilaria regional mais antiga é a Blaue Maus, alemã, do início dos anos 1980.

A destilaria Spreewood, a 60km de Berlim, é especializada em whiskys de centeio. A destilaria Waldviertel, em Roggenreith, foi a primeira da Áustria, fundada em 1995. Como muitas destilarias "alpinas", produz vários estilos, incluindo single malt, centeio e centeio maltado. Na Suíça, a família Locher destila desde 1886, em sua base alpina em Appenzell. Os primeiros engarrafamentos de whisky single malt suíço foram feitos em 2002.

▲ **O single malt Santis,** da Locher Distillery suíça, é um exemplo do que a destilaria chama de "whisky alpino".

HISTÓRICO

A Alemanha e a Áustria têm a maior tradição de produção de whisky da Europa Continental.

Nos anos 1980, já tinham boas infraestruturas de destilação, devido à produção de brandy e schnapps, por exemplo. A produção de whisky na Suíça seguiu-se à revogação das leis proibindo a destilação de grãos nos anos 1990. Muitos produtores preferem whisky de centeio, um grão que resiste bem ao frio da região. O centeio "alpino" é valorizado no mundo, sendo importado por destilarias como a Wild Turkey, do Kentucky, para produzir seus whiskys de centeio.

DEGUSTAÇÃO 19/20

WHISKYS DA EUROPA CONTINENTAL

Destacamos algumas preciosidades produzidas no crescente cenário de produção de whisky da Europa, com foco no norte do continente e seu clima mais frio, similar ao escocês.

A DEGUSTAÇÃO

Os whiskys europeus são variados. Vale muito a pena explorá-los, e os quatro whiskys selecionados aqui representam a variedade de estilos produzidos. Não deve ser difícil encontrá-los em uma loja especializada. Deguste da esquerda para a direita.

A LIÇÃO

Você notou as diferenças entre o centeio maltado da Finlândia e o centeio não maltado alemão? E entre os dois single malts? A esta altura, você já deve ter provado vários single malts escoceses turfados; compare o exemplo francês com eles. A lição aqui é que bons whiskys estão sendo produzidos no mundo todo e a procedência deixou de ser uma barreira para a qualidade do produto.

OS WHISKYS DA EUROPA SÃO VARIADOS E VALE MUITO A PENA EXPLORÁ-LOS

MACKMYRA BRUKSWHISKY

WHISKY SINGLE MALT
GÄVLE, SUÉCIA
41,4% ABV

SE NÃO ENCONTRAR, use o Box Single Malt

CORPO 2

Da bela destilaria sueca "à gravidade" inaugurada em 2011.

PALHA PÁLIDA

CÍTRICO SUAVE E DOCE; notas de ervas; morango doce; hortelã

BALAS DE LIMÃO; especiarias reconfortantes e ervas frescas, talvez tomilho

FINAL LONGO, DELICADO e aromático

MAPA DE SABORES
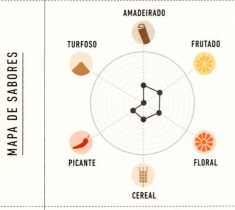

GOSTOU? Experimente o Glenkinchie 12 anos

DEGUSTAÇÃO 19/20

KORNOG ROC'H HIR

WHISKY SINGLE MALT

BRETANHA, FRANÇA
46% ABV

SE NÃO ENCONTRAR, use o Armorik Triagoz

| CORPO 3 | Utiliza alambiques raros, aquecidos diretamente. |

PALHA PÁLIDA

FUMAÇA DE TURFA DOMINANTE, seguida de bastante doçura ao fundo

DOÇURA DEFUMADA; pera verde e limão chamuscado. Urtigas e samambaias

FINAL GENTIL, persistente

GOSTOU? Experimente o Westland Peated

STORK CLUB RYE

WHISKY DE CENTEIO

SCHLEPZIG, ALEMANHA
55% ABV

SE NÃO ENCONTRAR, use o Millstone 100 Rye

| CORPO 3 | Da Spreewald, a primeira destilaria de centeio da Alemanha, aberta em 2016. |

ÂMBAR PÁLIDO

MELAÇO DENSO QUEIMADO; carnes curadas, tomilho fresco; molho agridoce

CARAMELO AMANTEIGADO reconfortante com notas de frutas secas e creme de canela

FINAL LONGO, DOCE, suntuosamente oleoso

GOSTOU? Experimente o Rittenhouse Rye

KYRO RYE

WHISKY DE CENTEIO

TAIPALE, FINLÂNDIA
47,8% ABV

SE NÃO ENCONTRAR, use o Hudson Manhattan Rye

| CORPO 4 | A única destilaria finlandesa focada exclusivamente em whisky de centeio. |

ÂMBAR DOURADO

BACON DEFUMADO, PIMENTÃO e pimenta, clássicos do whisky de centeio

MAIS DELICADO do que o sugerido pelo nariz. Fruta vermelha carnuda; baunilha com especiarias, mas suave

SENSAÇÃO AVELUDADA NA BOCA com cítricos suaves e especiarias

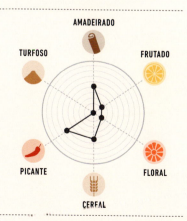

GOSTOU? Experimente o Koval Rye

CAPÍTULO 5

TOQUES FINAIS

DA MESMA FORMA QUE SABER DEGUSTAR, é importante saber o que é o whisky, de onde vem e como é feito. Mas a peça final do quebra-cabeça é aplicar esse conhecimento. O whisky não foi feito para ser apreciado no vácuo. É uma bebida social, para ser apreciada em companhia (às vezes sozinho), talvez com comida, em um coquetel ou com mixers. E descobrir os melhores ambientes para degustar seu whisky, não importa o preço que pagou por ele, ou como preservá-lo, é igualmente importante.

▲ **O bar de whisky Nihon,** em San Francisco (Califórnia), disponibiliza maltes japoneses difíceis de encontrar.

ONDE BEBER

Todo mundo sabe que o ambiente onde comemos e bebemos afeta a experiência. Mas qual é o lugar ideal para saborear o whisky? Em casa? Em um bar? Que tal um evento de degustação?

EM UM PUB OU BAR

Teoricamente, é uma boa ideia. Mas cuidado: comprar whisky em um pub ou bar pode sair caro, já que as margens de lucro são muito mais altas. A apresentação também é importante e, se o seu whisky for servido em um copo highball deselegante ou em um copo de whisky gasto e lascado, peça alguma outra coisa.

Há bares especializados ao redor do mundo voltados a um público interessado em provar whiskys sem gastar muito e em um ambiente adequado. Faça uma pesquisa. Em geral são administrados por entusiastas, e os melhores terão uma equipe instruída para orientar os clientes.

EM CASA

É a preferência de muitos. É onde seu whisky está e você pode controlar o ambiente. Você pode escolher a companhia, a música, os copos e a quantidade de whisky servida. Pode perder um pouco do clima de um bom bar, mas é mais seguro e muito mais barato.

UM BOM WHISKY DEVE SER BOM EM QUALQUER LUGAR. MAS QUASE SEMPRE ESTARÁ EM SEU MELHOR ONDE FOI PRODUZIDO

UMA DEGUSTAÇÃO OU FESTIVAL DE WHISKY

Se você é sociável ou gosta de explorar, um evento de degustação pode ser a solução se estiver em busca de novos favoritos ou um bate-papo com outros fãs de whisky. Degustações de whisky são realizadas no mundo todo para entusiastas de todos os níveis. Procure uma perto de você. Você poderá encontrar whiskys – e novos amigos – para a vida toda.

O MELHOR DOS LUGARES

Um bom whisky deve bom em qualquer lugar. Mas quase sempre estará em seu melhor onde foi produzido.

Não há nada como visitar Islay, por exemplo, fazer um tour pela sua destilaria favorita e terminar com uma degustação. Um bom whisky revela sua origem, seus ingredientes e as pessoas que o produziram, e vice-versa. Comece por perto e vá expandindo, visitando destilarias grandes e pequenas. Muitas destilarias recebem visitantes de braços abertos e são um passeio fascinante.

NÃO ONDE, QUEM

Tudo bem degustar um ótimo whisky sozinho. Mas a experiência é expandida ao compartilhar e degustar com amigos.

Vocês podem trocar ideias, comparar com whiskys que conhecem, planejar visitas a destilarias ou simplesmente usufruir a bebida. Cada um encontrará diferentes sabores e dimensões no whisky. Vocês podem até discordar sobre o gosto ou a qualidade da bebida. E tudo bem. O importante é conversar e aproveitar.

▼ **Visitantes na Sullivans Cove,** na Tasmânia. Degustações nas destilarias são oportunidades de provar e aprender sobre whiskys.

A HISTÓRIA POR TRÁS DE...

ENGARRAFADORAS INDEPENDENTES

Você já viu uma garrafa do seu whisky single malt favorito cujo rótulo não tem nada a ver com a marca que você conhece? É bem provável que seja um engarrafamento independente.

▲ **A Cadenhead** exibe no rótulo a procedência dos whiskys da linha Small Batch — no caso, a destilaria Caol Ila de Islay, conhecida por seus whiskys turfados.

O QUE SÃO?

Uma engarrafadora independente (ou "indie") é uma empresa que compra barris de whisky de corretores e destilarias e engarrafa a bebida sob o próprio rótulo. A maioria das engarrafadoras indie são escocesas com conexões na indústria de destilação, mas que nem sempre possuem uma destilaria.

Gordon & MacPhail, Cadenhead's, Berry Brothers e Rudd, Douglas Laing, Murray McDavid e Wemyss são exemplos de rótulos sem destilaria. Algumas têm portfólios minúsculos, vendendo um ou dois lotes por ano; outras têm centenas ou milhares de barris em estoque.

QUAL É A VANTAGEM?

As engarrafadoras independentes oferecem uma ótima oportunidade de degustar um whisky que, de outra forma, custaria muito mais. A maioria tem menos despesas e não investe tanto em marketing como as grandes produtoras. Até recentemente, as embalagens eram simples, com foco no conteúdo, sobretudo em engarrafamentos mais antigos. Muitas apresentam os dizeres "single cask", whisky extraído de um único barril.

Como qualquer whisky, prove antes de comprar de engarrafadoras independentes. Não há dois barris iguais, e você estará colocando suas papilas gustativas nas mãos de quem engarrafou a bebida. Geralmente há uma pessoa por trás da curadoria, como Douglas McIvor, da Berry Brothers, ou Mark Watt, da Cadenhead's, dois dos especialistas mais conhecidos e qualificados do Reino Unido, com décadas de experiência.

PIONEIRISMO E INOVAÇÃO

As engarrafadoras independentes tiveram uma enorme influência na indústria moderna do whisky. Na Escócia, até os anos 1960, eram raros os produtores que engarrafavam single malts. Na época, a indústria era quase totalmente focada em criar blends escoceses, e os single malts eram só um meio para esse fim.

A Gordon & MacPhail mudou esse cenário. Um empório na cidadezinha de Elgin parece um lugar improvável para revolucionar a percepção do mundo sobre o whisky single malt, mas foi o que aconteceu.

Em 1968, eles lançaram a linha "Connoisseurs Choice" para levar single malts de toda a Escócia para países como Reino Unido, Estados Unidos, França e Holanda. Sem essa inovação, não teríamos todas as opções de whisky que temos hoje.

NA ESCÓCIA, ATÉ OS ANOS 1960, ERAM RAROS OS PRODUTORES QUE ENGARRAFAVAM SINGLE MALTS

▼ **Fundado em 1895,** o empório Gordon & MacPhail, em Elgin, na Escócia, oferece mais de mil whiskys de malte à venda.

QUAL É A IDADE "IDEAL" DO WHISKY?

Whisky velho é sempre bom e whisky jovem é sempre ruim? Depende de onde e como foi feito. Em termos de sabor, há muito a ser dito sobre whiskys "velhos" e "jovens".

POR QUE ENVELHECER O WHISKY?

O whisky é quase sempre envelhecido em barris de carvalho, e é durante o tempo que passa na madeira que recebe a maior parte do sabor.

Isso é bom. Mas é importante saber quanto tempo o whisky deve ficar no barril. Quanto tempo é suficiente e quanto tempo é demais? E como isso afeta o sabor? É o que tentaremos entender a seguir.

QUAL É UMA BOA IDADE

O tipo de barril e o clima afetam a maturação do whisky. Além disso, cada destilaria tem suas próprias técnicas de produção antes da maturação.

Sabendo disso, é quase impossível afirmar qual é uma idade "boa" para o whisky. Com cada destilaria em cada país ou região fazendo coisas diferentes, as possibilidades são quase ilimitadas.

HÁ UMA IDADE IDEAL?

Cada destilaria tem uma idade ideal para lançar seu carro-chefe. Por exemplo, 10 anos no caso da Glenmorangie ou 16 anos na Lagavulin. As destilarias decidem esse tempo com base em anos de tentativa, erro e ajustes finos.

O que acontece além desse tempo é que a influência do carvalho aumenta e o caráter original da bebida diminui.

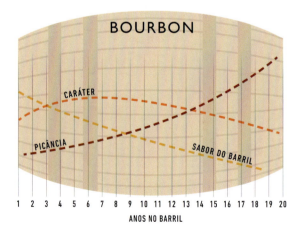

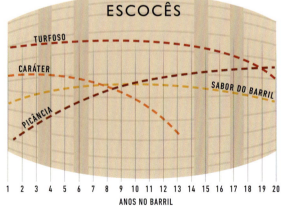

▲ **BOURBON**
O tempo em barril afeta a madeira, a picância e o caráter do bourbon. O bourbon só pode ser envelhecido em barris de carvalho novos e carbonizados, o que também afeta o sabor em comparação com o whisky escocês, por exemplo.

▲ **ESCOCÊS**
Como maturam em barris usados, geralmente ex-bourbon, os whiskys escoceses têm um perfil de idade/sabor distinto dos bourbons. O sabor do barril se mantém, e o aumento da picância não é significativo.

◀ **A importância do barril** não deve ser subestimada. É aqui que ocorre a alquimia da maturação e onde o sabor e o caráter se desenvolvem e mudam.

Essa é uma das razões pelas quais, por exemplo, um Lagavulin de 16 anos não tem o mesmo sabor que um Lagavulin mais velho ou mais jovem.

QUANTO MAIS VELHO MELHOR?

Em resumo, não. É só mais velho. E com notas mais intensas de carvalho. E mais caro. Mais importante que a idade é o barril. Um whisky pode passar 10 ou 15 anos em um barril, mas, se esse barril foi muito (ou pouco) usado, o whisky não será tão bom.

Um excelente whisky mais velho é aquele que foi envelhecido em um barril com a dose certa de caráter e que não foi muito nem pouco usado.

É claro que o lado comercial também importa. Muitas destilarias e engarrafadoras precisam ter whiskys de 18, 21, 25, 30 e 40 anos em estoque para celebrar aniversários importantes ou eventos comemorativos que geram vendas. Mas isso não significa que todos eles sejam necessariamente bons.

MUDANÇAS CLIMÁTICAS

Com tantas destilarias abrindo ao redor do mundo, o Santo Graal para muitas delas é descobrir como acelerar o processo de maturação.

Países com climas mais quentes, como Taiwan e Índia, têm uma vantagem quase injusta. Nesses países, whiskys maturados em barris de tamanho padrão ("hogsheads"), podem atingir seu ponto ideal em pouco mais de três anos. Em climas mais frios, como Escócia e Irlanda, a madeira do barril demora mais para fazer seu trabalho. Alguns produtores estão testando, com certo sucesso, o uso de barris menores e mais novos para acelerar a maturação.

Por isso, a idade ao mesmo tempo é e não é importante. Basta provar o whisky. Se gostar, compre. A idade não importa.

O MAIS VELHO DE TODOS

Whiskys mais velhos são um bom investimento, se você tiver condições de comprar um.

MORTLACH 70 ANOS

Este whisky de Speyside entrou no barril em 1938 e foi engarrafado apenas em 2008. Apenas 54 garrafas de tamanho normal foram produzidas, e cada uma custa £10.000. Também foram produzidas 162 garrafas menores, por "apenas" £2.500 cada.

O MISTERIOSO WHISKY DE VALENTINO ZAGATTI

A Coleção Zagatti, na Holanda, tem uma garrafa de 1843. Mas pouco se sabe sobre sua procedência.

191

QUAL É A IDADE "IDEAL" DO WHISKY?

QUANTO DEVO PAGAR PELO WHISKY?

É fácil presumir que, quanto mais caro, "melhor" será o whisky. O preço é, sim, um importante indicador da qualidade, mas não é o único fator a considerar.

POR QUE O WHISKY É CARO?

O whisky tende a ser mais caro que os destilados claros, como vodca e gim. A maior razão é que o whisky fica vários anos armazenado para a maturação.

Além disso, a demanda mundial aparentemente insaciável por whiskys mais velhos levou a uma grande alta nos preços. O resultado foi uma queda no estoque de envelhecidos na Escócia e no Japão e uma disparada do preço de mercado.

As destilarias estão aumentando a produção. E, desde a virada do milênio, houve um grande "boom" de destilação artesanal e microdestilarias para atender a demanda.

Quando todo esse novo whisky ficar pronto, talvez aconteça uma queda nos preços. E, se a demanda por whisky cair, como já ocorreu em vários momentos da história, o excedente pode levar à queda dos preços.

WHISKY BARATO É RUIM?

Não necessariamente. Whiskys de engarrafadoras independentes ou de marcas vendidas em supermercados podem oferecer um bom custo-benefício. Antes de comprar, dê uma olhada nas avaliações, pois a qualidade pode variar muito.

O whisky é um luxo e cabe a você decidir o quanto se dispõe a pagar. Uma pesquisa de preços na sua região lhe dará uma boa ideia dos custos.

◀ **A Macallan** produz whiskys renomados de preço médio a alto e é a terceira marca de single malt mais vendida do mundo.

◄ **A loja especializada da Royal Mile,** em Edimburgo, é uma das mais famosas do mundo, pela variedade dos whiskys e pela equipe bem-informada.

ONDE COMPRAR?

Tirando países com proibições legais ou religiosas, o whisky é amplamente disponibilizado. Na maior parte do mundo, você encontrará um bom whisky em supermercados, lojas on-line, aeroportos e empórios.

Mas nada substitui uma loja especializada em bebidas destiladas ou whiskys, onde você receberá boas dicas de outro entusiasta, uma recepção calorosa e, quem sabe, uma provinha de alguns produtos.

Às vezes (mas não sempre), o produto pode sair um pouco mais caro, mas, pelo atendimento, informações e talvez até amizades, com certeza valerá a pena. E você também estará prestigiando um negócio local.

A PARTE DO GOVERNO

Os impostos embutidos no preço do whisky variam conforme o país e até o território, mas um imposto sobre o consumo, imposto de importação ou alguma outra taxação incide sobre a maioria das garrafas de whisky durante sua fabricação ou venda.

Não é à toa que os impostos não sejam muito populares entre destilarias e consumidores. No Reino Unido, por exemplo, um aumento de 3,9% no imposto sobre as vendas de whisky escocês em 2017 resultou em uma queda de 2,6% nas vendas.

Em 2018, a União Europeia impôs uma tarifa de 25% sobre o whisky e o bourbon norte-americano, como forma de resposta a um imposto sobre o aço instituído pelo então presidente Trump.

O aumento de impostos sobre produtos "não essenciais", como o whisky, quase sempre leva a um aumento do preço nas lojas.

A TENTAÇÃO DO AEROPORTO

Todo mundo já passou por isso. Você está no aeroporto e vê um whisky diferente de uma destilaria que você gosta.

Você pega seu cartão de crédito, pronto para entregar seu dinheiro suado, algo que as lojas de aeroporto são especialistas em conseguir. Cuidado: esses produtos "exclusivos" em aeroportos podem ser atraentes, mas muitas vezes são de qualidade duvidosa. Sempre que possível, prove antes de comprar.

WHISKY E TEMPERATURA

Qual é a temperatura "certa" para consumo? O tema desperta discussões acaloradas. E como a degustação em temperaturas diferentes afeta o sabor?

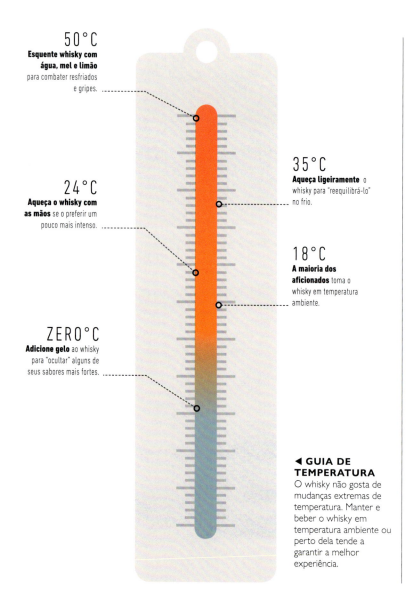

50°C
Esquente whisky com água, mel e limão para combater resfriados e gripes.

24°C
Aqueça o whisky com as mãos se o preferir um pouco mais intenso.

ZERO°C
Adicione gelo ao whisky para "ocultar" alguns de seus sabores mais fortes.

35°C
Aqueça ligeiramente o whisky para "reequilibrá-lo" no frio.

18°C
A maioria dos aficionados toma o whisky em temperatura ambiente.

◀ **GUIA DE TEMPERATURA**
O whisky não gosta de mudanças extremas de temperatura. Manter e beber o whisky em temperatura ambiente ou perto dela tende a garantir a melhor experiência.

QUAL É A TEMPERATURA IDEAL?

Não há uma resposta certa para essa pergunta, que é muito subjetiva.

Dito isso, considere algumas reflexões antes de tentar tomar seus whiskys em temperaturas diferentes. O whisky é uma bebida boa demais – e um investimento alto demais – para fazer experimentos indiscriminados.

Para obter o máximo de detalhes e informações sobre o seu whisky, prove-o em temperatura ambiente. É o que os especialistas – mestres destiladores, blenders e avaliadores de bebidas – fazem. É a temperatura em que o whisky revela seu sabor mais abertamente.

Se, ao servir o whisky, você notar que ele está um pouco mais frio do que gostaria, segure o copo entre as mãos por um momento, envolvendo-o e permitindo que o calor natural do seu corpo o leve até a temperatura desejada.

GELO E "O EFEITO DO MAR DO NORTE"

Um respeitado especialista em whisky escocês apresentou uma analogia vívida – e eficaz – para descrever o efeito do gelo no whisky. Imagine, ele

◀ **O whisky "on the rocks"**
restringirá os sabores da bebida, mas, conforme o gelo derrete, esses sabores serão lentamente liberados de volta.

WHISKY E TEMPERATURA

PARA OBTER O MÁXIMO DE DETALHES E INFORMAÇÕES SOBRE O SEU WHISKY, PROVE-O EM TEMPERATURA AMBIENTE

propôs, entrar nu em um lago alpino no inverno. Qual, ele perguntou, seria o efeito em certas áreas sensíveis do seu corpo?

O whisky "se fecha" quando está muito frio, escondendo muito, se não a maioria, de seus sabores. O gelo entorpece o paladar, dificultando discernir a essência da bebida. Essa analogia mostra a forte opinião desse especialista sobre o "efeito gelo" no whisky. Nada o impede de adicionar gelo. A escolha é sua. Mas, se fizer isso, saiba o que esperar.

ALGUNS PREFEREM QUENTE

Por outro lado, tomar whisky morno, ou até quente, também pode não ser o ideal. A diferença não é tão drástica quanto o efeito do gelo, mas aquecer o whisky também reduz a riqueza da experiência.

Talvez a única ocasião para aquecer o whisky, além de fazer um "hot toddy", é se estiver fazendo muito frio (ou antes de mergulhar nu em um lago alpino). Sempre lembrando que aquecer um whisky frio até a temperatura ideal de degustação ajudará a "reequilibrar" seu sabor.

HOT TODDY

Este remédio caseiro para resfriados e gripes pode fazer você se sentir melhor.

Isso se deve, em grande parte, às qualidades antissépticas do alto teor alcoólico do whisky e ao efeito expectorante causado pelo calor e pelos sabores doces e ácidos da bebida. Eis uma receita simples de hot toddy para começar: em um copo, sirva 50ml (pelo menos) do seu whisky menos apreciado, adicione o suco de um limão, uma rodela de limão sem semente e com cravos espetados, uma colher de chá de mel e complete com água quente.

TOQUES FINAIS

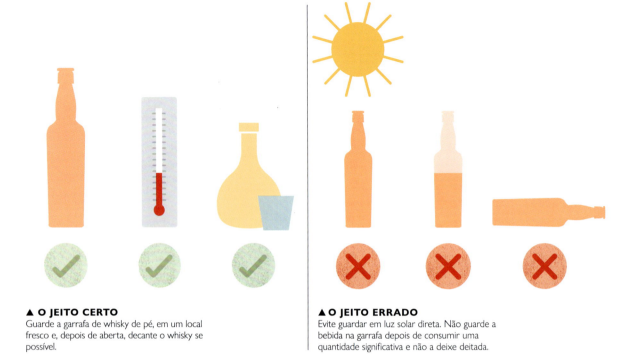

▲ **O JEITO CERTO**
Guarde a garrafa de whisky de pé, em um local fresco e, depois de aberta, decante o whisky se possível.

▲ **O JEITO ERRADO**
Evite guardar em luz solar direta. Não guarde a bebida na garrafa depois de consumir uma quantidade significativa e não a deixe deitada.

COMO GUARDAR O WHISKY?

Agora que você sabe de quais whiskys mais gosta, de onde vêm e como são feitos, o próximo passo é aprender como manter seus whiskys em ótimas condições.

ARMAZENAMENTO

Não tem segredo. Mantenha seus whiskys longe da luz solar direta e em um local fresco ou em temperatura ambiente.

A garrafa de whisky deve ser armazenada na vertical, nunca deitada, diferente do vinho, que requer que o líquido fique em contato com a rolha para evitar que ela encolha e o ar entre. Como o teor alcoólico do whisky é muito mais alto do que o do vinho, se as garrafas de whisky ficarem deitadas, a rolha vai se desintegrar com o tempo. Como a maioria dos "bons" produtores de whisky prefere rolhas a tampas de rosca, mantenha isso em mente.

Quanto ao armazenamento das garrafas, pode valer a pena comprar um carrinho de bebidas ou um armário apropriado se você quiser montar uma coleção.

DECANTAÇÃO

Lembra daqueles decantadores de cristal pesados de antigamente? Talvez você ou alguém da sua família tivesse um, ou você os viu na TV ou em filmes antigos para mostrar que o personagem é um elegante apreciador

O WHISKY, SE VOCÊ NÃO ABRIR A GARRAFA, DEVE SER GUARDADO DE PÉ, E NÃO DEITADO, COMO O VINHO

de whisky que conhece os segredos da boa conservação.

A verdade é que os decantadores e o processo de decantação são cruciais para proteger um whisky precioso.

Você sabe do que estou falando: aquela garrafa que você comprou ou que ganhou para uma ocasião especial. A garrafa que você gostaria de levar meses ou até anos saboreando. Se mantê-lo na garrafa, o whisky pode perder sua "potência" para o oxigênio que invade aos poucos a garrafa. Para evitar isso, compre um conjunto de garrafas menores, de 350ml para baixo. Quando a garrafa estiver com menos da metade, transfira seu precioso whisky para a garrafa de 350ml. Quando atingir menos de 200ml, guarde em uma garrafa de 200ml. Nada o impede de guardar a garrafa original pelo valor sentimental – e para se lembrar do whisky –, mas não deixe de manter o whisky em perfeitas condições.

O WHISKY ENVELHECE NA GARRAFA?

Não. Ou sim. Talvez. A resposta científica oficial é que nada acontece em uma garrafa cheia e lacrada. Uma vez que a garrafa é vedada, dizem os químicos, o whisky não muda – e nem pode mudar.

Mas alguns especialistas da indústria de destilação acreditam que algo pode acontecer, ainda que lentamente – o chamado "efeito da garrafa antiga" –, mas se restringe sobretudo a blended whiskies engarrafados há décadas. Se tiver interesse na parte técnica do processo, vale a pena pesquisar.

Em resumo, enquanto alguns dizem que nenhum processo químico ocorre em uma garrafa de whisky vedada, isso pode, com o tempo, se revelar uma afirmação simplista demais. Como dizem, nunca deixamos de aprender.

◀ **Os decantadores** de antigamente eram feitos de cristal de chumbo, contendo óxido de chumbo, mais transparente. Hoje, os decantadores são feitos de cristal sem chumbo.

ADICIONANDO MIXERS

O debate sobre os mixers é acalorado entre os aficionados por whisky. Alguns são a favor, outros são contra. Você só vai saber se gosta depois de provar alguns.

MISTURANDO AS COISAS

Poucas coisas despertam mais paixão no mundo do whisky do que a questão de ser ou não permitido adicionar outros líquidos a ele. Para os puristas, o whisky só pode ser bebido "puro" ou, no máximo, com um pouco de água. Apesar de não ser a opinião da maioria, eles são muito influentes.

É importante lembrar que mixers são adicionados ao whisky há séculos. Houve até uma época em que seria impossível tomar whisky sem algo misturado para "mascarar" o sabor.

Hoje em dia, o whisky é mais refinado. Devido a técnicas sofisticadas de produção, os whiskys modernos podem ser bebidos puros e não é preciso adicionar nada para torná-lo palatável.

Mas isso não significa que você não possa fazê-lo. A ideia não é "melhorar" o whisky, mas fazer um coquetel agradável e refrescante, quando um dram puro pode não ser apropriado.

FAÇA A SUA ESCOLHA

Você pode adicionar o que quiser. Existem combinações clássicas de mixer e whisky, mas o que importa é encontrar um drinque que seja do seu agrado. Vale a pena o esforço de descobrir quais sabores combinam mais com os diferentes estilos. E é o que faremos aqui.

Os whiskys escoceses mais defumados, por exemplo, vão bem com refrigerante de cola, daí o nome "Smoky Cokey". Experimente. O doce maltado da Cola-Cola combina com o defumado do whisky. Também temos o "Jack and Coke", um drinque que dispensa comentários, dada a sua fama mundial.

Na extremidade menos doce do espectro de sabores, o ginger ale combina com single malts da região escocesa de Speyside, mais frutados e picantes, e blends escoceses, criando um contraste vibrante que destaca as nuances do whisky.

E que tal limonada, suco de laranja ou até sidra? Não há regras. Experimente até encontrar seu mixer favorito e divirta-se! Com isso, você aprenderá sobre os diferentes whiskys, com suas complexidades de

◀ **Os mixers podem "amenizar"** um whisky, criando um drinque refrescante. Whisky e gengibre, com um toque de limão, é uma combinação clássica.

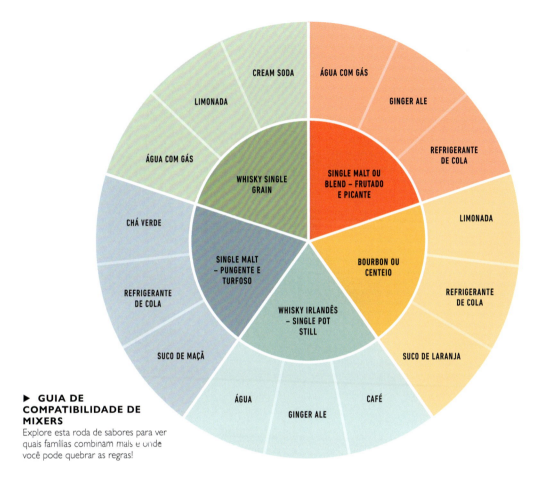

▶ **GUIA DE COMPATIBILIDADE DE MIXERS**
Explore esta roda de sabores para ver quais famílias combinam mais e onde você pode quebrar as regras!

sabor e as famílias de sabores das quais eles fazem parte.

Por exemplo, a imagem acima é um guia prático para combinar os principais estilos de whisky com seus mixers mais compatíveis, mas não é definitivo. Use-o como um ponto de partida para suas explorações. Afinal, gosto não se discute.

O HIGHBALL

Essa combinação de whisky e água com gás em um copo alto cheio de gelo é muito popular no Japão, um país que leva a produção e o consumo de whisky muito a sério.

Criado na década de 1950, foi popularizado pela Suntory, a primeira fabricante de whisky do Japão, sob a marca Kakubin Highball. Os Highballs acompanham o jantar em muitos lares japoneses e são populares entre os jovens. Você pode até comprá-los em máquinas automáticas de rua.

NÃO HÁ REGRAS. EXPERIMENTE ATÉ ENCONTRAR SEU MIXER FAVORITO E DIVIRTA-SE!

QUAL WHISKY E QUANDO?

Beber o whisky errado na hora errada pode ser uma decepção. Apesar de não ser uma bebida estritamente "sazonal", diferentes estilos de whisky são mais adequados dependendo da situação.

UM WHISKY PARA TODAS AS ESTAÇÕES

Não há regras sobre o que você deve beber e quando, mas alguns whiskys serão uma experiência melhor dependendo da hora, estação do ano ou até da situação.

Whiskys mais leves, mais cítricos e acidulados são melhores no verão, por exemplo. Estações mais frias pedem whiskys mais encorpados, turfosos ou picantes.

WHISKYS PARA CADA HUMOR

Pode parecer exagero, mas não beba whisky quando estiver com raiva. É um desperdício e não vai melhorar seu humor.

Da mesma forma que você pode combinar whiskys com as estações do ano, também pode combiná-los com o seu humor. Em geral, se você estiver radiante e feliz, pode optar por um whisky de natureza semelhante. Se estiver mais reflexivo, pode escolher algo mais complexo e desafiador. Faça seus próprios experimentos para descobrir quais whiskys funcionam melhor para você, seja para complementar seu humor ou para levantar seu astral.

▲ WHISKYS SAZONAIS
Tente combinar o whisky com a época do ano, com sabores "mais encorpados" ou "mais leves" complementando as estações.

PRIMAVERA
EXPERIMENTE:
LOCH LOMOND
BAIN'S
MELLOW CORN
AUCHENTOSHAN

VERÃO
EXPERIMENTE:
ARRAN
LARCENY
GREEN SPOT
STARWARD

OUTONO
EXPERIMENTE:
SPRINGBANK
STORK CLUB
REDBREAST
FEW

INVERNO
EXPERIMENTE:
KILCHOMAN
KOVAL
AMRUT
CONNEMARA

> DA MESMA FORMA QUE VOCÊ PODE COMBINAR WHISKYS COM AS ESTAÇÕES DO ANO, TAMBÉM PODE COMBINÁ-LOS COM O SEU HUMOR

▶ **Beber whisky com os amigos,** trocando ideias com outros aficionados, pode melhorar muito a experiência de degustação.

BEBENDO EM COMPANHIA

Whisky é melhor quando compartilhado com amigos. Na maioria das vezes. Seus companheiros de bebida quase sempre se enquadrarão em uma destas três categorias:

1. Odeio whisky
Você pode assumir a missão de converter essa pessoa. Conquiste-o primeiro com mixers antes de passar para o whisky puro. Se não der certo, sirva um gim tônica e guarde o melhor para você!

Para quem odeia whisky:
- Smoky Cokey
- Whisky com ginger ale
- Manhattan

2. Quero saber mais
Este amigo já provou um ou dois whiskys e está curioso para saber mais. Não destrua seu interesse e entusiasmo começando com um Laphroaig turfado ou um Koval Rye picante. Cultive a curiosidade dele aos poucos.

Bebidas para quem quer saber mais:
- Redbreast 12 anos
- Glenlivet 12 anos
- Kavalan Classic
- Woodford Reserve Bourbon

3. Adoro whisky
É aqui que as coisas ficam interessantes. Você quer um colega de exploração, não um chato e esnobe do whisky. Você quer alguém para explorar novos whiskys e produtores com você. Alguém que compartilha sua paixão e merece seus melhores drams.

Bebidas para quem adora whisky:
- Você escolhe. É hora de usar tudo o que aprendeu até agora e abrir as asas…

DEGUSTAÇÃO 20/20
ENVELHECIMENTO DE SINGLE MALTS

Esta última degustação analisa duas destilarias, e compara dois whiskys single malts com idades diferentes de cada uma delas, para verificar a ação do tempo nos "mesmos" whiskys.

A DEGUSTAÇÃO

Provaremos duas duplas de whiskys da mesma destilaria, mas com idades diferentes, para ver como eles se desenvolveram com o tempo. Deguste-os em pares: compare os aromas antes de prová-los. Quais diferenças você percebe? Como o whisky mudou com o tempo? Lembrando que o rótulo de cada garrafa exibe a idade do whisky mais jovem do lote. Mas a garrafa não deve conter nada muito mais velho do que a idade do whisky mais jovem.

A LIÇÃO

Você deve ter notado o desenvolvimento dos whiskys mais velhos em comparação com as versões mais jovens e agora tem uma boa ideia de quais sabores se desenvolvem com o tempo. Os whiskys mais velhos, com mais anos no barril, terão tons mais picantes e amadeirados. Nenhum é "melhor" que o outro. O que importa é a sua experiência.

AGORA VOCÊ TEM UMA BOA IDEIA DE QUAIS SABORES SE DESENVOLVEM COM O TEMPO

OLD PULTENEY 12 ANOS
WHISKY SINGLE MALT
WICK, HIGHLANDS
40% ABV

SE NÃO ENCONTRAR, use o Clynelish 14 anos

CORPO 3 — Destilaria cujo primeiro alambique usa um braço de lyne sem "pescoço de cisne".

👁 **OURO PÁLIDO**

👃 **LEVE ARDÊNCIA** como um fósforo riscado; abacaxi e toranja; casca de limão e mel

👄 **PERAS COM ESPECIARIAS** e pêssegos. Leves notas de pimenta; toffee cremoso e baunilha

 PICÂNCIA COM SENSAÇÃO DE SECURA NA BOCA; final médio

MAPA DE SABORES

 GOSTOU? Experimente o Tomatin 12 anos

203
DEGUSTAÇÃO 20/20

OLD PULTENEY 18 ANOS
WHISKY SINGLE MALT
WICK, HIGHLANDS
46% ABV

SE NÃO ENCONTRAR, use o Glencadam 18 anos

| CORPO 3 | A destilaria fechou por 21 anos em 1930 devido a leis da paróquia local. |

OURO INTENSO

TOQUE DE ENXOFRE, chocolate amargo, especiarias amadeiradas, baunilha tostada, pudim de leite

MAÇÃS ASSADAS polvilhadas com canela e açúcar mascavo

SECO, LAVANDA e frutado sutil. Dissipa lentamente

GOSTOU? Experimente o Glen Moray 18 anos

TALISKER 10 ANOS
WHISKY SINGLE MALT
SKYE, HIGHLANDS
45,8% ABV

SE NÃO ENCONTRAR, use o Bowmore 12 anos

| CORPO 4 | Era o whisky favorito do escritor Robert Louis Stevenson, de *A ilha do tesouro* |

OURO INTENSO

MARMELADA COM INFUSÃO DE TURFA; frutas cítricas cristalizadas; toque de molho barbecue; costelas assadas salgadas

FRUTADO SUAVE E EQUILIBRADO seguido de especiarias, turfa e pimenta picante

A PIMENTA DÁ LUGAR à turfa, depois à fruta

GOSTOU? Experimente o Inchmoan 12 anos

TALISKER 18 ANOS
WHISKY SINGLE MALT
SKYE, HIGHLANDS
45,8% ABV

SE NÃO ENCONTRAR, use o Bowmore 18 anos

| CORPO 4 | Os dois Taliskers foram maturados em barris de carvalho norte-americano ex-bourbon. |

ÂMBAR PÁLIDO

ERVAS SECAS FRAGRANTES; torta de damasco chamuscado. Um toque de couro e charuto

DAMASCO COM ESPECIARIAS e tangerina. Fundo de pimenta e turfa

O PIMENTÃO e a turfa emergem em um final longo e oleoso

GOSTOU? Experimente o Highland Park 18 anos

COQUETÉIS CLÁSSICOS DE WHISKY

O whisky é uma bebida destilada complexa e pode ser usado para fazer coquetéis igualmente complexos. Os três coquetéis aqui são receitas robustas, para quem gosta de sabores intensos.

O QUE É UM COQUETEL?

Basicamente, é uma bebida destilada saborizada com licores, sucos ou bitters (concentrados de ervas e raízes). Mas não é só isso.

Preparar coquetéis é uma arte que requer habilidade e conhecimento dos ingredientes.

Os coquetéis podem parecer um fenômeno moderno, mas têm uma longa linhagem. As primeiras bebidas destiladas eram bem básicas e adicionar algo mais suave para mascarar o sabor forte era mais uma necessidade do que um luxo. Desses primórdios rudimentares, nasceu o coquetel.

O PAPEL DO COQUETEL

Os coquetéis têm diversas funções. Uma delas é enfatizar a ideia do "blending" de misturar bebidas para criar algo melhor do que suas partes. Outros coquetéis, como os apresentados aqui, têm a função de destacar o sabor e a influência do whisky na mistura.

POR QUE WHISKY?

Ao contrário de outros destilados, como a vodca e o gim, o whisky gosta de marcar presença. Sabendo que ele se destaca em um coquetel, por que não garantir que ele *realmente* se destaque?

É essa a ideia do Rob Roy e de seu primo norte-americano, o Manhattan. Com apenas alguns ingredientes, é cheio de personalidade e, por isso, atemporal.

O Old Fashioned é ainda mais simples, mas não menos delicioso. O truque é usar o bourbon ou o whisky de centeio "certos". Ou seja, "certo" para você.

Por fim, temos o Sazerac. Criado em Nova Orleans, onde a diversão é levada a sério, o Sazerac reflete a essência da cidade. O whisky de centeio picante, os bitters fortes e o absinto poderoso resultam em um coquetel que definitivamente não é para os fracos.

Os whiskys escolhidos aqui são fáceis de encontrar e combinam com esses coquetéis.

▶ **O melhor lugar** para apreciar coquetéis é em um bar. Os melhores "mixologistas" explicarão o processo de preparação do coquetel e mostrarão como é feito.

COQUETÉIS CLÁSSICOS DE WHISKY

ROB ROY

A versão com whisky escocês do Manhattan, feito com bourbon. Perfeito para o outono.

INGREDIENTES

50ml de whisky escocês (Glenfarclas, ou um blend como o Great King Street)

25ml de vermute doce

Angostura

COMO FAZER

Encha um copo com gelo, adicione o whisky, o vermute e 2–3 gotas da angostura.

Misture delicadamente por 30 segundos. Coe em uma taça de coquetel e decore com uma cereja marrasquino.

Observação: Use vermute seco para uma versão menos doce. Use bourbon ou whisky de centeio para um Manhattan. No Rob Roy, assim como em muitos outros coquetéis, os ingredientes podem variar (fora os componentes principais). Algumas receitas de Rob Roy, por exemplo, sugerem uma rodela de limão em vez da cereja para uma versão mais seca.

OLD FASHIONED

Um clássico simples, mas eficaz. Leva tempo para fazer, mas vale a pena. Um coquetel perfeito para qualquer ocasião.

INGREDIENTES

1 cubo de açúcar mascavo ou açúcar/xarope simples

Angostura ou Peychaud's bitters

50ml de whisky de centeio ou bourbon (Rittenhouse ou Koval)

3 cubos de gelo grandes

1 tira de casca de laranja

COMO FAZER

Coloque o cubo de açúcar em um copo alto. Adicione 2–3 gotas da angostura ou bitters. Misture com uma colher, talvez adicionando um pouco de água. Adicione um terço do whisky e um cubo de gelo. Misture com delicadeza por 30 segundos. Em seguida, adicione mais whisky e outro cubo de gelo, ainda mexendo. Adicione o restante do whisky e o último cubo de gelo. Coloque a tira de casca de laranja torcida por cima.

Observação: O segredo é continuar mexendo durante todo o processo para misturar os sabores.

SAZERAC

Doce, picante e herbácea, esta bebida foi eleita o coquetel oficial de Nova Orleans em 2008.

INGREDIENTES

1 cubo de açúcar

Um punhado de cubos de gelo

75ml de whisky de centeio (de preferência Sazerac Rye)

Angostura ou Peychaud's Bitters

Absinto

Casca de limão

COMO FAZER

Coloque o cubo de açúcar e algumas gotas d'água em um copo. Adicione o gelo, o whisky, um pouco de Peychaud's e um pouquinho de Angostura. Mexa.

Cubra as paredes internas de um segundo copo com absinto e adicione o conteúdo do primeiro. Decore com a casca de limão.

Observação: O absinto é famoso por sua potência, mas o whisky ainda é a "estrela" deste coquetel. O absinto, usado apenas para revestir o copo, só realça os sabores.

COQUETÉIS DE WHISKY MAIS LEVES

As opções "mais leves" podem ser mais adequadas ao calor, devido às combinações de ingredientes vibrantes e refrescantes com whiskys interessantes.

COMO COMEÇAR

As receitas aqui foram testadas e aprovadas e ocupam o hall da fama dos coquetéis de whisky, mas com um ou outro toque especial.

Ao preparar seus coquetéis, depois de dominar o básico, não tenha medo de brincar com os ingredientes. Comece com estas receitas simples, ajustando os componentes de acordo com a sua preferência. Depois de algumas tentativas, você estará criando suas próprias versões.

Também é importante lembrar que fazer coquetéis é uma técnica, uma habilidade ou uma arte a ser dominada.

A combinação de sabores é um processo quase alquímico que vai além da mera mecânica de misturar diferentes ingredientes. Suas primeiras tentativas podem não dar muito certo. Não desista!

MISTURE E COMBINE

Nossos três exemplos são adequados para quem prefere coquetéis "mais suaves". O whisky tem presença marcante em todos eles, e você vai sentir sua personalidade e caráter em cada um.

Para mostrar que é possível brincar com os clássicos, nosso Blood and Sand é feito com um single malt defumado e turfado. Se preferir, experimente com whisky não turfado.

O mesmo vale para o Whisky Sour. Além das opções sugeridas, você pode usar muitos outros whiskys nestas receitas. Por exemplo, o Mint Julep normalmente leva bourbon, mas você pode substituí-lo por um whisky de centeio como Michter's Single Barrel ou o Bulleit Small Batch.

Por fim, apesar de este trio ser ideal para a primavera e o verão, nada o impede de bebê-los quando quiser.

EXPLORE

Fazer estes coquetéis lhe dará uma boa experiência prática de como combinar sabores.

▼ **Os coquetéis têm charme próprio.** Até quem diz que não gosta de whisky geralmente gosta de coquetéis de whisky.

COQUETÉIS DE WHISKY MAIS LEVES

WHISKY SOUR

Criada nos Estados Unidos nos anos 1860, o toque cítrico refrescante faz desta bebida uma opção atemporal.

INGREDIENTES

60ml de bourbon (Four Roses ou um Buffalo Trace. Para variar, por que não usar um whisky de centeio, como o Templeton Rye?)

25ml de suco de limão

15ml de xarope simples/açúcar

Gelo

Angostura

Clara de ovo (opcional)

COMO FAZER

Adicione todos os ingredientes, menos a angostura e a clara de ovo, em uma coqueteleira e agite vigorosamente. Coe a mistura em um copo baixo cheio de gelo. Decore com um pouquinho da angostura.

Observação: Adicionar clara de ovo à mistura acrescenta uma cremosidade suave à bebida, que não existiria sem ela. Um whisky sour com clara de ovo às vezes é chamado de Boston Sour.

MINT JULEP

Um refrescante coquetel de verão do sul dos Estados Unidos à base de bourbon.

INGREDIENTES

Folhas de hortelã

5ml de xarope simples/açúcar

50ml de bourbon (algo mais leve, como um Sonoma ou Woodford)

Gelo picado

Angostura ou Peychaud's Bitters (opcional)

COMO FAZER

Pegue um copo de Julep (se tiver um) ou um copo baixo pesado. Amasse as folhas de hortelã e o xarope, adicione o bourbon e encha até a borda com gelo picado.

Mexa delicadamente enquanto o copo esfria e adicione mais gelo picado formando uma cúpula. Adicione um ramo de hortelã e um pouquinho de bitter (opcional).

Observação: Esta é uma das bebidas mais icônicas do sul dos Estados Unidos, criada no século XVIII. Hoje ela é associada ao Kentucky Derby, sendo a bebida oficial da famosa corrida de cavalos.

BLOOD AND SAND

Uma releitura de um clássico. Use whisky não turfado, se preferir.

INGREDIENTES

20ml de blend escocês (Chivas Mizunara funciona bem)

10ml de whisky single malt turfado (Lagavulin ou Ardbeg)

20ml de conhaque de cereja (o Heering tem um bom sabor natural de cereja)

20ml de vermute doce

30ml de suco de laranja, de preferência espremido na hora

COMO FAZER

Encha a coqueteleira com gelo e adicione todos os ingredientes. Tampe e agite por 30 segundos, depois coe em uma taça de coquetel. Decore com casca de laranja ou uma cereja.

Observação: Esta bebida é da década de 1920, a era de ouro da criação de coquetéis. Seu nome foi inspirado no filme de mesmo nome estrelado por Rudolph Valentino, e era feito com o suco vermelho de uma laranja sanguínea.

TOQUES FINAIS

▲ **Harmonizar comida e whisky** está ganhando popularidade, com perspectivas diferentes sobre ambos do que, digamos, o vinho oferece.

WHISKY E COMIDA

Há muito o que pensar ao combinar whisky com comida. Nem todos os estilos de whisky combinam com todos os tipos de comida. Pode levar algum tempo para desvendar, mas, quando você acerta, pode dar muito certo.

As combinações sugeridas de whisky e comida a seguir são apenas isso – sugestões. Espero que lhe dê uma boa ideia de quais grupos de sabores alimentares combinam melhor com diferentes whiskys. Com isso em mente, você poderá fazer suas próprias combinações.

UM APERITIVO

O whisky pode ajudar a melhorar suas experiências gastronômicas como um aperitivo.

Um whisky refrescante, como um single grain leve e cítrico, por exemplo, como o Bain's Cape Whisky, pode preparar seu paladar para o que está por vir e estimular suas papilas gustativas.

Como alternativa, se você acha que começar com um whisky "completo" é mais do que você gostaria, pode experimentar um coquetel, algo refrescante, como um Blood and Sand.

ENTRADAS

Se você vai começar com frios, há algumas maneiras de harmonizar. Salame e carne de porco curada, por serem cremosos e salgados, combinam com single malts mais doces, como um Balvenie.

Carnes mais picantes, como chouriço com páprica, podem ser compensadas com um bourbon doce.

Se preferir começar com peixe, o salmão defumado também combina com single malts, e o "salgado" Old Pulteney 12 anos seria um bom parceiro para tal.

PRATOS PRINCIPAIS

A combinação ideal de whisky com um prato principal depende, é claro, do que você planeja comer. Em geral, comidas leves, massas cremosas ou peixes, por exemplo, combinam com whiskys "mais leves" – talvez um single grain ou um single malt mais delicado.

Para refeições mais elaboradas, talvez envolvendo molhos e/ou carne vermelha, um single malt de maior teor alcoólico e encorpado combinará bem, tornando a experiência ainda mais satisfatória.

O whisky também combina com frutos do mar e, se você for comer lagosta, lagostim, camarão ou caranguejo, experimente harmonizar com um whisky turfado de Islay. Mariscos salgados, mas doces e aromáticos, pareados com o Caol Ila 12 anos, de turfa média e picante, por exemplo, formam uma combinação de sabores salgada e inebriante.

SOBREMESA OU QUEIJO

Todos os whiskys, mesmo os turfados, têm algum elemento de doçura. Isso os torna particularmente adequados para acompanhar sobremesas. Uma combinação que vale a pena experimentar é o crème brûlée com um whisky single pot irlandês Redbreast 12 anos. Os tons doces e picantes de baunilha e mocha do Redbreast combinam perfeitamente com a baunilha cremosa e o caramelo da sobremesa.

Como se isso não bastasse, a textura cremosa do crème brûlée enfatiza a sinergia entre os dois.

Para os amantes de queijo, felizmente a maioria dos queijos duros combina bem com a maioria dos whiskys, então por que não experimentar para ver o que você prefere? Queijos mais macios, como brie ou dolcelatte, assim como o crème brûlée, são adequados para whiskys single pot irlandeses.

Queijos macios mais robustos, como um Roquefort salgado e acidulado, podem ser contrastados perfeitamente com um single malt forte e turfoso, como um Lagavulin 16 anos.

DIGESTIVO

O alto teor alcoólico do whisky faz dele um bom digestivo, estimulando as enzimas do estômago, que decompõem os alimentos. Evite whiskys mais doces para essa função, optando, talvez, por single malts.

O DESAFIO DO WHISKY

Pode ser um pouco mais difícil encontrar um whisky para harmonizar com alguns alimentos, mas ainda é possível e vale a pena tentar.

ALHO, PIMENTA, WASABI

Alho, pimenta e wasabi picantes estão no extremo mais forte do espectro de sabores e podem suprimir seus receptores gustativos. Se pretende beber whisky, tente usá-los com moderação.

QUEIJO DE CABRA

Ácido e com sabor de caça (no bom sentido), este produto lácteo vai "lutar" com o whisky pelo controle dos seus receptores gustativos. Um whisky à base de milho ou de trigo pode ser a melhor opção.

CARNE VERMELHA

Com carne vermelha grelhada e assada, pense nos molhos e marinadas envolvidos. Carne de churrasco e bourbon, por exemplo, pode ser um casamento perfeito.

O WHISKY PODE SER UM ÓTIMO APERITIVO. WHISKYS DE CENTEIO PICANTES EM PARTICULAR PODEM ESTIMULAR O PALADAR

WHISKY E CHOCOLATE

Você pode pensar que whisky e chocolate não são companheiros naturais. Talvez seja a hora de rever os seus conceitos. Ambos são luxos e podem ter sido feitos um para o outro.

POR QUE CHOCOLATE?

Por que não? Afinal, é chocolate. Melhor ainda, o chocolate faz algo especial com o whisky; quando bem pareado, o resultado pode surpreender.

Além disso, whisky e chocolate compartilham semelhanças de produção e sabor que os tornam compatíveis. Quando há contraste entre eles, geralmente são agradáveis e interessantes.

QUAL CHOCOLATE?

O que você deve procurar é o equilíbrio. Se o chocolate for muito doce, seu sabor se perderá no whisky; se for muito amargo, o whisky terá dificuldade de penetrar. Pode ser preciso fazer várias tentativas para encontrar esse equilíbrio, mas será divertido tentar.

Em geral, o chocolate amargo é um parceiro melhor para o whisky. Há vários "graus" de chocolate amargo, sendo os com cerca de 50% de cacau bastante doces e os com 90% de cacau muito amargos. Isso oferece uma gama de possibilidades de harmonização em toda a escala.

No caso do chocolate ao leite, ele precisa ser de excelente qualidade. Trufas saborizadas são uma ótima opção, e sua textura sedosa é um deleite sensorial adicional. O segredo, como sempre, é ir testando.

◀ **Whisky e chocolate** compartilham composições químicas semelhantes que os tornam muito compatíveis – com moderação, é claro.

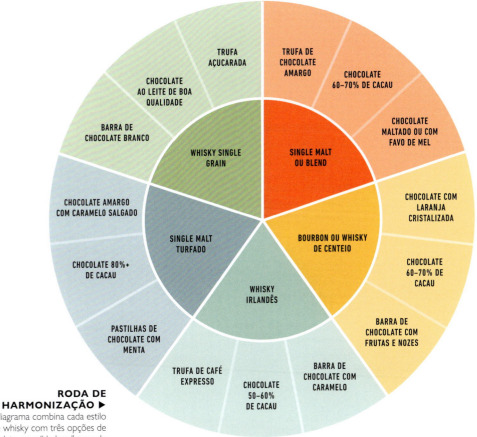

RODA DE HARMONIZAÇÃO ▶
Este diagrama combina cada estilo de whisky com três opções de chocolate: uma "de luxo", uma de gama média e uma "econômica".

MÉTODO

Esta é a melhor maneira de saborear whisky e chocolate: Primeiro tome um pequeno gole de whisky. Espalhe a bebida no interior da boca, cobrindo todas as áreas, e engula um pouco.

Com um pouco de whisky ainda na boca, coloque um pouco de chocolate (não muito) e deixe-o misturar com o whisky. À medida que o chocolate amolece e derrete lentamente, seus sabores começam a ser liberados, misturando-se sedutoramente ao whisky. Saboreie o momento, mas não guarde por muito tempo na boca.

Quando estiver pronto, engula a deliciosa mistura.

O EFEITO DO CARVALHO

Como muitas outras coisas relacionadas ao whisky, o carvalho tem um importante papel em garantir que esses dois consumíveis se deem bem.

Os barris de carvalho nos quais a maior parte do whisky é maturado contêm compostos de vanilina, que são intensificados quando o barril é carbonizado.

Como o nome indica, conferem notas de baunilha ao whisky, que é o melhor amigo do chocolate – sobretudo do chocolate ao leite, mas também do chocolate amargo.

RODA DE HARMONIZAÇÃO

O diagrama mostra quais whiskys combinam melhor com uma variedade de chocolates. Percorra a "roda" e ficará claro como diferentes estilos de whisky combinam melhor com tipos específicos de chocolate. Veja como os whiskys turfados "gostam" de chocolates salgados ou com alto teor de cacau, enquanto os maltes mais doces, como os de Speyside, combinam com chocolates com mel. Outras combinações são menos óbvias, sendo contrastantes em vez de complementares. Não deixe de prová-las.

Depois de experimentar usando os pares sugeridos pela roda, crie seus próprios pares com base no que aprendeu degustando.

GLOSSÁRIO

ABV: Álcool por volume. O teor alcoólico de uma bebida, expresso em porcentagem. O whisky escocês deve ser engarrafado com ABV de no mínimo 40%.

Aduelas: Tábuas de madeira que compõem um barril.

Alambique contínuo: *Veja* Alambique de coluna/Coffey still.

Alambique de coluna/Coffey still: Alambique alto que utiliza destilação contínua. Usado principalmente para whiskys dos tipos grain e norte-americano.

Alambique de pote (pot still): Tipo de alambique mais comum para produzir whiskys single malt, composto de pote, pescoço e braço. Feito de cobre, metal que conduz calor com eficiência e remove compostos de enxofre do líquido.

Alambique: Aparelho para a produção de líquidos destilados.

Aqua vitae: "Água da vida", em latim. Sua tradução gaélica, *"uisge beatha"*, deu origem à palavra "whisky".

Armazém Dunnage: Um armazém tradicional de um único andar para maturação de whisky em barris.

ASB (Barril Padrão Americano): Barril de 200 litros usado para maturar bourbon e whiskys ao estilo norte-americano antes de ser adotado por produtores escoceses e ao estilo escocês.

Barril: Recipiente de madeira usado para armazenar e maturar whisky, em geral de carvalho.

Barril ativo: Um barril menos usado e com mais chances de imbuir o whisky de mais sabor e cor.

Barril ex-Madeira: Barril anteriormente usado para maturação de vinho Madeira.

Barril ex-Porto (pipe): Barril anteriormente usado para a maturação do vinho do Porto.

Blend: Em geral uma mistura de whiskys de malte e grãos.

Blend escocês: Mistura de um ou mais single malts com um ou mais single grains.

Blended malt: Mistura de dois ou mais single malts. Anteriormente chamado de "vatted malt" ou "pure malt".

Bourbon: Whisky de estilo norte-americano destilado a partir de um mosto predominantemente de milho e envelhecido em barris novos e carbonizados de carvalho.

Braço de Lyne: Parte do alambique que transporta os vapores de destilados para ser condensado novamente em líquido.

Butt: Barril usado para maturar xerez. Normalmente com cerca de 500 litros.

Cabeça (foreshot/head): O primeiro líquido que sai do spirit still (segunda destilação) e passa pelo retentor de calor (spirit safe). Altamente alcoólico e impróprio para uso no produto final.

Carbonização: A queima do interior de um barril para produzir uma camada de carbono que remove da bebida compostos indesejáveis contendo enxofre.

Cask strength: Whisky ao qual não foi adicionado água antes do engarrafamento.

Caudas (feints/tails): Porção final da destilação em alambique de pote contendo compostos indesejáveis.

Centeio: Cereal resistente e robusto cultivado no norte da Europa e em regiões mais frias dos Estados Unidos. Nome científico: *Secale cereale.*

Cerveja: Bebida alcoólica fermentada a partir de um mosto de cereais, geralmente cevada.

Cevada: Cereal comum cultivado em todo o mundo. Nome científico, *Hordeum vulgare.*

Condensador: Parte do equipamento de destilação que resfria os vapores de álcool no alambique e os converte em líquido.

Condensador de casco e tubo: Rede de pequenos tubos de cobre com água fria, que convertem vapores de álcool novamente em líquido.

Corpo: Às vezes usado na descrição da sensação na boca de um whisky.

Coração/corte médio: Parte do destilado que é separada das cabeças e caudas indesejáveis, destinada a se tornar whisky.

Cream soda: Refrigerante doce, geralmente com sabor de baunilha, que lembra sobremesas cremosas e é popular como bebida ou mixer.

Defumado (peated): Em geral uma referência a um whisky produzido com cevada maltada defumada. Pode variar de levemente defumado (lightly peated) a intensamente defumado e medicinal (heavily peated).

Densidade: O "corpo", "peso" ou sensação do whisky na boca.

Descarbonização, recarbonização: Processo de rejuvenescimento de um barril usado diversas vezes. O interior do barril é decapado e o carvalho exposto é carbonizado novamente.

Destilação: Processo de transformar mosto ou cerveja de baixo teor alcoólico em um destilado altamente alcoólico.

Destilação contínua: *Veja* Alambique de coluna/Coffey still.

Destilado novo (spirit/new make): O corte final do whisky, direto do alambique, sem envelhecimento em madeira.

Destilaria: Instalação onde são produzidos destilados alcoólicos.

Doubler: Um alambique de pote simples empregado por alguns destiladores norte-americanos para intensificar o desenvolvimento dos sabores após a destilação em coluna.

Dram: Termo tradicional escocês para uma dose de whisky.

Dupla destilação: Descrição de um processo que realiza ao menos duas destilações, geralmente o mínimo para um whisky single malt.

Enxofre: Elemento químico responsável pelos aromas desejáveis ("carnudos") e indesejáveis (vegetais cozidos, ovos podres) em destilados novos. Removido pela camada carbonizada do barril durante a maturação.

Enzimas: Proteínas que atuam como catalisadores biológicos, importantes nas reações ocorridas na germinação (malteação), mosturação e fermentação.

Fenóis: Um grupo diversificado de compostos químicos aromáticos encontrados na fumaça da turfa. A medida do nível de fenóis na cevada indica o quão intensamente defumado o whisky pode ser.

Fermentação: Processo de transformar açúcar em álcool, catalisado pela adição de levedura ao mosto.

Filtragem a frio: Processo de remoção de ácidos graxos de cadeia longa (hexadecanoato) que podem deixar o whisky turvo quando resfriado ou com adição de água.

Final: Sabores percebidos quando o whisky é tragado.

Finalização em madeira: Transferência do whisky para um segundo barril, talvez mais ativo, em uma etapa posterior da maturação, com o objetivo de extrair novos sabores do segundo barril.

First fill, second fill etc.: First fill = A primeira vez que o whisky é colocado em um barril reutilizado. Second fill = A segunda vez, e assim por diante. Após vários usos, um barril pode ser recarbonizado para ser "reativado".

Germinação: O processo de crescimento e desenvolvimento natural da semente de uma planta.

Ginger ale: Refrigerante levemente adocicado e gaseificado com sabor de gengibre.

Grain whisky (whisky de grão): Whisky feito predominantemente de milho ou trigo em alambiques contínuos (Coffey stills).

Grãos: Para a produção de whisky, os principais grãos utilizados são cevada, milho, centeio e trigo.

Grist: Cevada maltada moída ou triturada em uma textura grossa antes da adição de água quente.

Hidrômetro: Dispositivo usado para medir o teor alcoólico com base na densidade.

Highball: Bebida composta por whisky, gelo e água com gás, muito popular no Japão.

Hogshead: Barril de 250 litros feito com tábuas reutilizadas de barris menores.

Idade declarada: Informação no rótulo mostrando a idade do whisky mais jovem contido na garrafa. A maioria dos whiskys é um "blend" de vários barris, de idades variadas.

Kiln: Forno usado no processo de malteação da cevada. A malteação é uma das etapas cruciais na produção de whisky, onde os grãos de cevada são preparados para liberar os açúcares necessários para a fermentação.

Lágrimas: Descrição dos rastros de whisky deixados na lateral do copo quando o líquido é inclinado. Também chamadas de "pernas".

Levedura: Organismo unicelular e um tipo de fungo. Quando adicionada ao mosto em forma líquida ou sólida, atua como um catalisador para converter açúcar em álcool. A levedura mais comum usada na produção de whisky é a *Saccharomyces cerevisiae*.

Low wines: Álcool produzido na primeira fase da destilação, com teor alcoólico entre 22% a 25%.

Malte ou cevada maltada: Grãos de cevada que passaram pelo processo de malteação.

Maltagem: Processo de transformar cevada crua em cevada maltada (ou malte). São produzidas enzimas que tornam o amido acessível e permitem sua conversão em açúcar na mosturação.

Maltagem em piso: Método tradicional de espalhar cevada embebida em água sobre um piso de pedra, virando-a manualmente para uma germinação uniforme. Raramente utilizado hoje em dia.

Maltagem em tambor: Método moderno de girar a cevada em um grande tambor de metal para garantir a germinação uniforme dos grãos.

Mash bill: Receita de cereais específica de cada destilaria. Pode descrever a proporção de milho, centeio, trigo etc. nos whiskys americanos.

Master blender: Profissional altamente qualificado que mistura e combina whiskys de diferentes idades, estilos ou origens para criar o perfil de sabor desejado pelo produtor.

Maturação: Processo de envelhecimento do whisky em barris de madeira.

Milho: Cereal comum cujos grãos são usados para a produção de whisky. Nome científico, *Zea mays*.

Mizunara: Carvalho japonês, muito valorizado e usado com moderação para maturação de whisky devido à sua raridade.

Moagem: Processo de moer cevada maltada seca para transformá-la em grist.

Moonshine: Destilados clandestinos, artesanais e com alto teor alcoólico, popularizados nos Estados Unidos durante a Lei Seca. Também pode se referir a bebidas que seguem esse estilo rústico.

Mosto: Solução de cevada maltada dissolvida em água morna. Contém açúcar solúvel e, conforme o mosto é fermentado, esses açúcares são convertidos em álcool.

Mosturação: Processo enzimático de conversão do amido em açúcar e extração de açúcares solúveis na forma de "mosto", adicionando água cada vez mais quente ao grist de malte em um tanque de mosturação.

Nosing (avaliação pelo olfato): O processo de avaliar um whisky pelo aroma antes de prová-lo.

Pagode: Telhado tradicional em formato de pirâmide que oferecia ventilação para o secador onde a cevada maltada era seca. Atualmente, é principalmente decorativo, já que a maltagem é feita fora das destilarias.

Paladar: Percepção do sabor do whisky quando ele é provado.

Parte dos anjos: O volume de whisky perdido por evaporação enquanto se desenvolve no barril. Varia de 1% em climas mais frios a mais de 15% em regiões mais quentes.

Pescoço: Parte de um alambique de pote localizada entre o corpo principal e o braço do alambique. Sua largura e altura determinam o volume e o fluxo de vapores de álcool que serão condensados em destilado líquido.

Polímeros: Moléculas compostas de duas ou mais unidades químicas repetidas. Por exemplo: celulose, hemicelulose e lignina, que compõem a madeira de carvalho. Os polímeros são importantes para o desenvolvimento do sabor na maturação.

Poteen: Palavra irlandesa que descreve o destilado novo ou saído diretamente do alambique.

Proof: Método tradicional de medição de álcool. Usado sobretudo nos Estados Unidos, onde a medida proof equivale ao dobro do %ABV (álcool por volume). Por exemplo, 50% ABV corresponde a 100 proof nos Estados Unidos.

Purificador: Dispositivo conectado ao braço do alambique de algumas destilarias que redireciona vapores de álcool muito pesados de volta ao alambique para redestilação.

Quaich: Copo tradicional escocês para beber whisky, com uma alça curta em cada lado.

Refluxo: Descrição do processo pelo qual o vapor do álcool condensa no gargalo do alambique, braço ou purificador antes de chegar ao condensador. O líquido volta ao alambique e é redestilado.

Resíduo de malte (draff): Resíduo deixado pelo processo de mosturação. Pode ser seco, compactado e transformado em ração animal.

Retentor de calor (spirit safe): Dispositivo usado pelo stillman para decidir quando separar o corte das cabeças e caudas, usando análise sensorial e hidrômetros.

Roda de sabores: Ferramenta visual para identificar e descrever sabores.

Rolha: Tampa de madeira (em geral álamo) inserida em um furo no barril.

Secador/kiln: Sala aquecida onde a cevada é colocada para interromper o processo de germinação. Tradicionalmente aquecido com uma fogueira de turfa e atualmente com carvão ou óleo.

Sensação na boca: Descrição da sensação do whisky na boca.

Single malt: Whisky feito com 100% de cevada maltada de uma única destilaria. Pode ser, e normalmente é, uma mistura de vários barris da mesma destilaria.

Single pot still: Estilo irlandês feito com cevada maltada e a cevada não maltada.

Spirit still (segunda destilação): O segundo conjunto de alambiques, onde os low wines são redestilados para purificar e concentrar ainda mais o álcool.

Stillman: Profissional responsável por operar os alambiques e supervisionar a produção do destilado.

Taninos: Grupo de compostos químicos livres presentes na madeira de carvalho. Responsáveis por conferir amargor e adstringência. Por exemplo, ácido elágico e ácido gálico.

Tanoeiro: Artesão responsável pela produção e manutenção de barris de whisky.

Tanque de mosturação: Grande recipiente (normalmente de aço inoxidável) onde ocorre a mosturação.

Tasting flight: Conjunto de whiskys servidos e degustados geralmente em uma ordem de complexidade..

Tostagem: O tratamento térmico do carvalho durante a fabricação do barril, produzindo compostos aromáticos ativos, como vanilina (doce) e guaiacol (picante), que se desenvolvem conforme os componentes estruturais da madeira, como a lignina, são degradados.

Trigo: Cereal comum usado para a produção de whiskys escoceses e alguns whiskys norte-americanos. Nome científico: *Triticum vulgare*.

Tripla destilação: Descrição de uma destilaria que opera com um terceiro conjunto de alambiques, possibilitando maior purificação.

Turfa: Vegetação decomposta e compactada. Fonte de combustível tradicional. Quando usada para secar cevada maltada, confere um sabor pungente e defumado.

Uisge beatha (pronuncia-se "uska bar"): Tradução gaélica do latim "aqua vitae".

Whisky de barril único (single barrel/single cask whisky): Geralmente um single malt ou bourbon engarrafado a partir de um "único" barril.

Whisky turfado: Whisky que usa maltes que passaram pelo processo de secagem com turfa.

Whisky turfoso: Whisky com características sensoriais, como aroma e paladar, dos maltes turfados, mas que não necessariamente tem turfa em seu processo.

Whisky/whisky/whiskey: Álcool destilado a partir de um mosto a base de cereais e maturado em barris de madeira.

Valinch: Dispositivo tradicional em forma de tubo de metal usado para extrair amostras de whisky de um barril.

Vanilina: Composto produzido pela degradação térmica da lignina durante o tratamento térmico da madeira, como na carbonização ou recarbonização dos barris. É extraída pelo líquido durante a maturação, sendo responsável pelo aroma doce e semelhante à baunilha do whisky.

Wash: A "cerveja" produzida pela adição de levedura ao mosto, normalmente entre 6–8% ABV.

Wash still (primeiro alambique): Primeiro conjunto de alambiques, onde o mosto fermentado é aquecido. O vapor de álcool resultante é resfriado e condensado em um líquido de baixo teor alcoólico (22–25% ABV), conhecido como low wines.

White dog: Termo usado nos Estados Unidos para descrever o destilado novo.

Worm tub: Estilo tradicional de condensador que utiliza um tubo longo que serpenteia em uma cuba de madeira com água fria.

ÍNDICE REMISSIVO

Números de página em **negrito** indicam uma degustação; em *itálico*, ilustrações e legendas.

A

A. Smith Bowman 138
Aberlour 114
Aberlour 12 anos 57
Aberlour 16 anos 114
Aberlour A'bunadh 141
Adnams Southwold 175
África do Sul 161, 166–167, 168
Água
    adicionando ao whisky 26, 29, 32–33, 40
    gelo 33, 195, *195*
alambiques 118–119
    de coluna (Coffey still) 15, 21, 58, *59*, 59, 119, *119*
    de pote (pot still) 21, 59, 70, 118–119, *118*
    "doubler" 21, 119
    híbridos 119
Alberta Distillers 142
álcool por volume (ABV) 21, 32, 47, 58
Alemanha 91, 95, 180, 181, 183
Allt-A-Bhainne **150**
América do Norte 19, 128–143
    Canadá 16, 19, 90–91, 93, 142–143
    Kentucky 81, 93, 130–131
    oeste dos Estados Unidos 134–135
    centro dos Estados Unidos 136–137
    leste dos Estados Unidos 138–139
    Tennessee 81, 132–133
    veja também whiskys norte-americanos
amigos, degustando com 27, 187, 201
Amrut 106, 154, 155, 157, 200
Amrut Fusion **159**
Amrut Peated 117, 154, 159
Angel's Envy Bourbon 97
aparência do whisky 34–37, **36–37**
Archie Rose 164, *165*, 165
Ardbeg 10 anos **37**, 117
Ardbeg 110, 111, 207
Ardbeg Uigeadail 41, 45, 159
Ardmore 105
Ardmore Legacy 109
Ardnahoe 110, 111
armazenando whisky 196, *196*
Armorik Triagoz 183
aromas 28, 29, 30, 32, 38–41, **40–41**
Arran 10 anos **67**
Arran 200
arroz 19
Ásia 146–159, **158–159**
    Índia 17, 55, 106, 147, 154–155, 159, 191
    Japão 19, 106, 147, 148–153, **150–151**, 192
    Taiwan 55, 63, 106, 156–157, **158–159**, 191
Auchentoshan 102, *103*, 103, 200
Auchentoshan 12 anos **56**, 102
Aultmore 114, 115
Austrália 17, 161, 164–165, 169
Áustria 91, 180, 181

B

Bain's 200
Bain's Cape **168**, 208
    Cape Mountain 36
    Single Grain 166
Bakery Hill Peated 169
Balcones 95, 136, 145
Balcones Baby Blue 97
Balcones Brimstone Corn Whiskey 136
Balcones No.1 Single Malt **141**
Balcones Texas Single Malt Whiskey 145
Balvenie 114, 115, 209
    21 anos Port Finish 117
    Doublewood 175
    SB 12 anos **41, 45, 49**
bares e pubs 186
barris 21, 22, 34–35, 82–83
    carbonizados/tostados 23, 78, 82
    de carvalho 14, 22, 23, 34–35, 47, 59, 77, 82, 83, 190, 191, 211
    de carvalho japonês 83
    ex-bourbon 14, 36, 59, 82, 83
    ex-xerez 36, 82–83
Belgian Owl 176
Bélgica 176, 177
Benjamin Prichard's 132, 133
BenRiach Curiositas 109
Benromach 114, 115
    Peat Smoke **109**
Bernheim Original 93
Bernheim Wheat Whiskey **96**
Berry Brothers and Rudd 188
Bladnoch 102, 103
Blaue Maus 180, 181
blended whiskies 15, 53, 60–65
    norte-americanos 76
    blended grain whiskies 59
    blended malts 62–63
    blend escocês 53, 60–61
    criando seus próprios blends 64–65
    japoneses 151
    proporções malte/grão 60–61
Boplaas 166, 167
bottled-in-bond whiskies 76–77
bourbon 14, 15, 19, 21, 35, 53, 58, 76, 77, 78, 80–81, **84–85**, 94, **97**, **140**, 209
    barris 79, 81, 82
    envelhecimento 81, 190
    história 80-81
    mash bill (proporção de grãos) 80
    processo de fabricação de whisky 80–81
    sabores **88–89**
Bowmore 106, 110, 111
    12 anos 203
    15 anos 110
    18 anos 203
Box 177
Box Single Malt 182
Bruichladdich 110, 111
Buffalo Trace 41, 131, 207
Bullet Bourbon 85
    10 anos **97**
Bulleit Rye 97
Bulleit Small Batch 206
Bunnahabhain 110, 111
Bunnahabhain 12 anos 151
Bushmills 10 anos **72**, 122
Bushmills 14, 68, 69, 72, 122, 123, 124, *124*
Bushmills 16 anos 72
Bushmills Black Bush **73**, 123
Bushmills Original 73
butts 83

C

Cadenhead's 188, *188*
Campbeltown 112–113
Canadá 16, 19, 142–143
   single malts 143
   whiskys de centeio 90–91, 143
   whiskys de trigo 92
Canadian Club 142, 143
Caol Ila 110, 111, 188
Caol Ila 12 anos 57, 141, 209
Cardrona Distillery 164
carvalho, barris 14, 17, 22, 23, 32, 34–35, 47, 59, 77, 82, 83, 190, 191, *191*, 211
Cask Strength Straight Wheat Whiskey 93
   tamanhos 83
Catoctin Creek Roundstone Rye 89
centeio 14, 19, 20, 21, 58
cevada 18, *18*
   maltada 18, 20, 54, 58, 59, 70
   não maltada 18, 70
   turfada 60, 106, 107, 115
Chichibu 145, 148, 149
Chichibu Peated Single Malt 145
Chivas Regal Mizunara Finish **40**, **44**, **48**, 207
chocolate, harmonizando whisky com 210–211
Clear Creek 134
Clydeside Distillery 102, 103, *103*
Clynelish 14 anos **117**, 202
cobre 47, 70, 78, 118, 119
Coffey still *veja* alambique de coluna
comida, harmonizando whisky com 208–211
Compass Box 59
Compass Box Great King St Artist's Blend **67**
Compass Box Spice Tree 67
comprando whisky 192–193
compras em aeroportos 193
Connemara 12 anos 127
Connemara 127, 200
Connemara Peated Irish Whiskey 127
Connemara Turf Mor 162
conta-gotas 29, 32
Cooley 122, 123, 124–125
copos 26
coquetéis 17, 204–207
   Blood and Sand 206, 207
   Mint Julep 206, 207
   Old Fashioned 204, 205
   Rob Roy 204, 205
   Sazerac 87, 204, 205
   Whisky Sour 206, 207
cor 28, 34–35, 79
   terminologia 35
corante caramelo (E150a) 35
Corio 165
corpo 46–49, **48–49**
Corsair 132, 133, 145
   100% Rye 145
   Wry Moon 133
cortiça
   contaminação por 42
   rolhas de 42, 196
Cotswolds Distillery 95, 145, 157, 172
   Founder's Choice 175
   Single Malt 145, 172
Cragganmore 114, 115
Craigellachie 13 anos 109, 151
Crown Royal 142
Cutty Sark Prohibition 67

D

"doubler", alambique 21, 119
Dad's Hat 138, 139
Dad's Hat Pennsylvania Rye 138
Daftmill 2006 Winter Release 145
Daftmill 95, 102, 103, 145
Dalwhinnie 104, 105, *105*
   15 anos 56, 116
decantação de whisky 196–197, *197*
degustação de whisky
   água e gelo, adicionando 26, 29, 32–33, 195, *195*
   checklist 26–27
   falando sobre degustação 13, 30–31, 42
   observações da degustação 27, 31
   onde degustar 186–187
   ordem da degustação 27
   tamanho da amostra 27
   técnica 28–29
   temperatura ideal 194–195, *194*
   veja também aparência; aroma; corpo; final; sabores
Degustações
   aparência do whisky 34–37, **36–37**
   aromas **40–41**
   bourbon **84–85**
   corpo e final **48–49**
   principais estilos dos Estados Unidos **96–97**
   sabores **44–45**
   single malts escoceses **56–57**, **116–117**, **202–203**
   single malts das Highlands **116–117**
   whiskys asiáticos **158–159**
   whiskys da Europa continental **182–183**
   whiskys de centeio **88–89**
   whiskys do hemisfério sul **168–169**
   whiskys escoceses **66–67**
   whisky ingleses e galeses **174–175**
   whiskys irlandeses "tradicionais" **72–73**
   whiskys irlandeses "modernos" **126–127**
   whiskys japoneses **150–151**
   whiskys turfados **108–109**
   whiskys artesanais regionais dos Estados Unidos **140–141**
densidade *veja* corpo
destilação 21
   contínua 58, 60, 76
   dupla 72, 158
   tripla 71, 72, 103
   veja também alambiques
destilarias, visitas a 187
Dinamarca 176, 177
Dingle 122, 123, 125
Dornoch 104, 105
Douglas Laing 63, 188
Douglas Laing Scallywag 10 anos 67
Drayman's 166, 167
Dry Fly 93, *93*, 134, *145*
   Bourbon 134, 140
   Washington Wheat 96
dupla maturação 83
DYC 178, 179
Dyer, Edward 155

E

Eagle Rare 10 anos 37
Echlinville 122, 123, 125
Eden Mill 102, 103
Elijah Craig Small Batch 85
engarrafadoras independentes 63, 188–189
English Whisky Co. 91, 173
envelhecimento, *veja* maturação
Escócia 100–117, 191, 192
   Campbeltown 112–113
   Highlands & Ilhas Escocesas 104–105

Islay 106, 110–111
Lowlands 102–103
regiões de whisky 55
Speyside 114–115
Espanha 178, 179
Europa 170–183, **174–175**, **182–183**
Alpina 180–181
Inglaterra e País de Gales 172–173, 172–175, **174**, **175**
norte da Europa 176–177
Europa ocidental 178–179
veja também Irlanda; Escócia
Evan Williams Single Barrel 85

F

fermentação 20, 21, 59
festivais 187
FEW 95, 136, 200
FEW Rye 41, 45, 49, **89**
final 29, 31, 47, **48–49**
finalização em madeira 83
Finlândia 176, 177, 183
Forty Creek Distillery 142
Four Roses 131, 207
Single Barrel 37, **85**
Small Batch 131
França 16, 178, 179, 183

G

gelo 33, 195, *195*
George Dickel 132, 133
George Dickel Barrel Select 133
George Dickel No.12 Tennessee Whiskey **85**
Gimli Distillery 142
Girvan Patent Still 66
Girvan Patent Still No.4 **36**
Glann Ar Mor 178, 179
Glasgow Distillery 102, 103
Glen Breton 143
Glen Moray 18 anos 203
Glen Moray Sherry Finish 37
Glen Scotia 112, 113
Glen Scotia 15 anos **57**
Glencadam 18 anos 203
Glendronach 104, 105
Glendronach 12 anos **37**, **57**
Glendronach 18 anos Single Malt 104
Glenfarclas 114, 115, 205
Glenfarclas 15 anos **57**

Glenfiddich 18 anos 114
Glenfiddich 49, 114
Glenglassaugh Revival 151
Glengoyne 12 anos **116**
Glengoyne 63, 104, 105
Glengyle 112, 113
Glenkinchie 102, 103
Glenkinchie 12 anos 41, 45, 49, 182
Glenmorange 104, 190
10 anos 56, 158
Quinta Ruban 117
Glenora Distillery 142, 143
Gooderham & Worts 143
Gordon & MacPhail 188, 189, *189*
blended 59
grain whiskies 21, 53, 60, 64
single grain 58–59, 60, **168–169**
grãos 18–19
Great King Street 205
Great King Street Artist's Blend **67**
Great King Street Blend 151
Great Lakes 136
Great Southern Distilling Co. 164
Green Spot **73**, 200
Green Spot Léoville Barton Finish 127
grist 20

H

Hakushu 148, 149, **150**
Hakushu Distiller's Reserve 148, **150**
Hakushu Single Malt 117
Hammerschmiede 95
Heaven Hill 81, 93, 131
Hellyers Road 162
Peated **169**
Roaring Forty 162
hemisfério sul 160–169, **168–169**
África do Sul 161, 166–167, 168
Austrália 161, 164–165, 169
Nova Zelândia 161, 164–165
Tasmânia 161, 162–163
Hibiki Harmony 40, 44, 48, 151
High West 95, 134, 145
High West Rendezvous Rye *135*, 145
Highball 33, 199
Highland Park 104
18 anos 203
Highlands & Ilhas Escocesas 104–105
hogsheads 83, 191
Holanda 176, 177
Holladay 136, 137

hot toddy 195
Hotaling and Co. 134, 135
Hudson Baby Bourbon 138, *139*
Hudson Manhattan Rye **141**, 183
Hudson New York Corn Whiskey *139*
humor, combinando whiskys com o 200

I

impostos 193
Inchmoan 12 anos 203
Índia 17, 55, 106, 147, 154–155, 159, 191
Inglaterra **91**, 172–173, 174, 175
Irlanda 16, 120–127, 191
renascimento do whisky 124–125
Islay 106, 110–111
Itália 178, 179

J

J.H. Distillery 91
Jack Daniel 81, 132, 133, *133*
Gentleman Jack 85
Old No.7 133
Rye 89, 97
SB Rye 141
Single Barrel 85
Jackson, Michael 115
James Sedgwick Distillery 166, 167, *167*
Jameson 69, 71, 72, 122, 123, 124
Jameson Stout Edition 122
Jameson The Cooper's Croze *71*
Japão 19, 106, 147, 148–153, **150–151**, 192
single malts 55, 150–151
Jim Beam 81, 125, 131, *131*
Double Oak 131
Old Grand-Dad 169
Rye 41, 45, 49
John Distilleries 154, 155
Johnnie Walker 15
Black Label 67
Blenders' Batch Red Rye Finish *61*
Jura 12 anos 175

K

Kaos Blended 176
Karuizawa 148
Kasauli 155
Kavalan 106, 156, 157
Classic 116, **158**, 201

Conductor 169
Solist Vinho Barrique 63
Kentucky 81, 93, 130–131
veja também bourbon
Kilbeggan 125
8 anos 126
8 anos Single Grain 36, 168
Kilchoman 110, 111, 157, 200
Machir Bay 109
Kilkerran 12 anos 150
King Car Conductor 159
Kingsbarns 102, 103
Kininvie 49
Knappogue Castle 12 anos 41, 45, 49, **127**
Knappogue Castle 16 anos 127
Kornog Roc'h Hir **183**
Koshimizu, Seiichi 38
Koval 95, *200*
Rye 89, 183, 205
Rye SB Rye Whiskey **97**
Kyrö Rye **183**

L

"lágrimas" 28, 35, *35*
Lagavulin 110, 111, *111*, 190, 207
16 anos **41**, **45**, **49**, 209
Laphroaig 106, 110, 111
10 anos 37, 109, 110
Larceny *200*
Bourbon **84**
Lark Distillery 162, 163
Lark, Bill 163
Ledaig 10 anos 109, **117**
Lee Yu-Ting *157*
Lei Seca 60, 71, 86, 87, 91, 135, 137
levedura 21
lignina 47, 82
Limeburners Single Malt 164
Lindores Abbey 102, 103
Loch Lomond Single Grain **66**, 200
Locher Distillery 180, *181*
Lowlands 102–103

M

"moonshine" 15, 78, 79
Mackmyra 106, 176, 177, *177*
Brukswhisky **182**
Maker's Mark **37**, *80*, 84, 92, 131
master blenders 61
maturação 21, 22–23, 190–191

dupla maturação 83
na garrafa 197
McCarthy's Peated Oregon Malt 141
Mellow Corn Whiskey **97**, 200
Method and Madness SG 126
Method and Madness SPS **127**
MGP 138
Michter's Single Barrel 206
Michter's US*1 Small Batch **85**
microdestilarias 144–145, 165, 192
Midleton 73
milho 19, 20, 21, 58, 59, 79
Millstone 176
100 Rye 183
mixers 17, 198–199, *199*, 201
Miyagikyo 148
Single Malt 148
Monkey Shoulder 49, *62*
Mortlach 70 anos 191
Mortlach Rare Old Single Malt 37
mosto 20, 21
mosturação 20
movimento da temperança 137
movimento do whisky artesanal 81, 87, 93, 94–95, 125, 131, 133, 192
veja também microdestilarias
Murray McDavid 188

N

Nantou 63, 156, 157
Nation, Carrie *137*
Nelson's Green Brier 132, 133
new make 22
New York Ragtime Rye 89
Nikka 149, 150, 152
Coffey Grain Whisky 174
Miyagikyo 108, 159
Pure Malt Black 151
Taketsuru Pure Malt **151**
nosing *veja* aromas
Nova Zelândia 161, 164–165

O

"Efeito da Garrafa Antiga" 197
Oban 14 anos 57, 175
Octomore 111
Old Fitzgerald 93
1819 84
Bourbon 140
Old Pulteney 104, 105, 202–203

12 anos 117, **202**, 209
18 anos 203
Omar 157
Bourbon Cask **159**
Single Malt 156
Overeem 162
oxidação 197

P

"pernas" *veja* "lágrimas"
painço 19
País de Gales 172–173, 175
paladar, limpando o 26, 39
papilas gustativas *44*, 47
Pappy Van Winkle 93
parte dos anjos 23
Paul John 155
"Bold" 159
Brillant Single Malt 154
Peated 159
Peerless Rye 88
Penderyn 157, 172, 173, 174
Madeira Cask **175**
Pikesville Rye 88
pipes 83
piso de maltagem 20
Platte Valley 3 anos 97
Port Charlotte 10 anos 159
Powers John's Lane 127
12 anos 73
preço 192–193
Processo do Condado de Lincoln 81, 133
Psenner 178, 179
Puni 178, 179, *179*

Q

Quiet Man 10 anos 72

R

Redbreast 200
12 anos 73, 201, 209
15 anos 73
Redemption Rye 141
Reservoir Rye **89**
Reservoir Wheat 96
Rittenhouse Bottled-in Bond Straight Rye **89**
Rittenhouse Rye 183, 205
Rock Town 136

roda de sabores 42, 43, *43*
    sabores indesejados 42
    seis categorias principais 42
Russell's Reserve 6 anos 89
rye whiskey ver whiskys de centeio

S

sabores 22, 29, 32, 42–45, **44–45**
Sazerac Rye **41**, **45**, **49**, 205
Scapa Skiren 67
    blended 53, 60–65
    envelhecimento *190*
    single grain 58–59
sensação na boca *veja* corpo
single malts 53, 54–55, **56–57**, 58, 60, 77, 94, **116–117**, **202–203**
    norte-americanos 77, 135
    blended malts 62–63
    canadenses 143
    continente europeu 179, 181
    diversidade de sabores 55
    escoceses 54–57, 58, 60, **116–117**, 189, **202–203**
    indianos 155, 159
    japoneses 55, **150–151**
    maturação 22
    nações produtoras de whisky 55
    neozelandeses 165
    processo de fabricação de whisky 54
    taiwaneses 156, **158–159**
    variantes de idade **202–203**
single pot still (SPS) 18, 69, 70–71, 121, 123, **126–127**
sistema olfatório 28, 38–39, *39*, 44
Smooth Ambler 138
    Old Scout 138
Solist Bourbon Cask 158
Sonoma County Distilling 93
Sonoma Distilling Bourbon **140**, 207
Sonoma Distilling Co. Rye 89
sorgo 19
Speyside 114–115
Spreewood 91, 95, *95*, 145, 181
Springbank 112, 113, *113*, 200
    10 anos 57, **109**, 112
St George Single Malt 134
St George Spirits 134, 135
St George's Distillery *91*, 172, 173
Starward 164, 165, *200*
    Nova **169**
    Single Malt 164

Wine Cask 175
Stauning 176, 177
Stein Distillery 144
Stork Club 180, *200*
    Rye 145, **183**
Strathisla 12 anos 108
Suécia 106, 176, 177, **182**
Suíça 180, 181
Sullivans Cove 162, 163, *187*
    French Oak *163*
Suntory 149, **150**, 153, 199
Swan, Dr Jim 157, 173

T

Taiwan 55, 63, 106, 156–157, **158–159**, 191
Taketsuru, Masataka 152, *152*, 153
Talisker 104, 105, 106, 203
    10 anos 57, **203**
    18 anos **203**
    57° North 37
    Distiller's Edition 104
tanoeiros 23, *23*
Tasmânia 161, 162–163
Teeling Pot Still 73
Teeling Single Grain **126**, 168
Teeling Single Malt Whisky 127
Teeling Small Batch 122
Teeling the Blend 73
Teeling Whiskey Distillery 122, 123, 125, *125*
Teerenpeli 176
Templeton Rye 207
Tennessee 81, 132–133
teor alcoólico, *veja* álcool por volume (ABV)
The Cotswolds 2014 Odyssey Barley **175**
The Edgefield Distillery 134, 135
The Glenlivet 114, 115
    12 anos **108**, 201
    15 anos 114
The Lakes "The Whiskymaker's Reserve No.1" **175**
The Lakes Distiller's Reserve 169
The Lakes Distillery 172, 173
The London Distillery Co. 172, 173
The Macallan 114, 115, *115*, **192**
    Rare Cask Single Malt 114
The Norfolk Farmers **174**
The Norfolk Parched 66, 174
The Oxford Artisan Distillery (TOAD) 91
The Shed Distillery 125
Thomson Whisky Distillery 164

Tiger Snake **169**
Tomatin 12 anos 67, 202
Tomintoul 15 anos Port Finish 117
Torii, Shinjiro 152–153
trigo 19, 20, 21, 58, 59
    processo de fabricação de whisky 92–93
triticale 93
Tullamore 125
Tuthilltown 138, 139, 141

U

Whisky
    apelo global *16–17*
    consumo nacional 16–17
    comprando 192–193
    harmonização com alimentos 208–211
    história 14–15
    processo de fabricação 20–21
    vendas 16–17
whiskys de milho 76, 77, 78–79
    cor 79
    mash bill 80
    tipos de milho 79
    veja também bourbon
whiskys de trigo 76, 77, 82, 92–93
    barris 82
    mash bill 92
    sabores **88–89**
whiskys irlandeses 68–73, **72–73**, **126–127**
whisky single pot still (SPS) 18, 69, 70–71, 121, 123, **126–127**
whisky, processo de fabricação de 70
whiskys de centeio maltado 76, 77
whiskys mais velhos 191
whiskys sazonais 200, *200*
whiskys single grain 58–59, 60, **168–169**
    processo de fabricação 58
whiskys turfados 43, 47, 53, 58, 106–107, **108–109**, 111, 124, 199
whiskys de centeio 14, 35, 76, 86–89, **88–89**, 97
    barris 82
    canadenses 90–91, 143
    europeus 91
    mash bill 86, *86*
    processo de fabricação de whisky 86–87
    sabores **88–89**
whiskys norte-americanos 16, 17, 19, 53, 74–97, **84–85**, **88–89**, **96–97**, **128–143**, **140–141**
    "blended whisky" 76

bottled-in-bond whiskey 76–77
bourbon *veja* bourbon
de centeio 35, 76, 77, 82, 86–89, 91
de centeio maltado 76, 77
"light whiskey" 76
regra dos 51% 77
single malts 77, 135
whiskys de milho 76, 77, 78–79
whiskys de trigo 76, 77, 82, 92–93
whisky de malte 18, 21
whiskys "puros" 77
vendas 77, 81
veja também single malts
whiskys ao estilo escocês 16–17, 21, 52–67, **56–57**, **66–67**, **108–109**, **116–117**, 145, 198, **202–203**

V

vanilinas 23, 82, 211
Viking Honour 104

W

Waldviertel Distillery 180, 181
Warenghem 178, 179
wash 21, 118
washback 21
Washington, George 86, 86, 139
Wasmund's Single Malt 141
Wemyss 188
　Peat Chimney 41, 45, 49
　Spice King 12 anos **67**
Westland Peated 109, **141**, 183
Whipper Snapper 164, 165
whisky ou whiskey 77
"white whiskey" *veja* "moonshine"
white dog 22
Wild Turkey 91, 131, 181
　Rye **88**
William Grant & Sons 125
William McHenry and Sons 162
Willowbank 165

Woodford Reserve 85, 169, 201, 207
　DS Bourbon **97**
Writer's Tears 73

Y

Yamazaki 148, 150, 153, *153*
　12 anos 148
　Distiller's Reserve **151**
Yoichi 106, 148, 150, 152
　Single Malt **151**, 153
Yushan 63, *63*

Z

Zuidam 177

CRÉDITOS DAS IMAGENS

A editora gostaria de agradecer a permissão de reprodução das imagens

(Legenda: a-acima; b-abaixo/inferior; c-centro; l-longe/distante; e-esquerda; d-direita; t-topo)

12 Getty Images: Jeff J. Mitchell (tc). **13 Getty Images:** BJI / Blue Jean Images (be); Vesna Jovanovic / EyeEm (td). **16 The Whisky Exchange:** (be). **17 The Whisky Exchange. 23 Alamy Stock Photo:** Cultura Creative (dl) (tc). **33 Getty Images:** Westend61 (tc). **34 Getty Images:** Leon Harris. **35 Getty Images:** Slow Image (t). **38 Alamy Stock Photo:** Jeremy Sutton-Hibbert (tc). **46 Alamy Stock Photo:** Cultura Creative (dl) (bc). **52 Getty Images:** Alan Copson. **59 Alamy Stock Photo:** Denise Lett (te). **61 Getty Images:** Bloomberg (tc). **62 Getty Images:** SOPA Images (tc). **63 Alamy Stock Photo:** Zoonar GmbH (be). **Master of Malt:** (bd). **68 Alamy Stock Photo:** Radharc Images. **71 Getty Images:** NurPhoto (cr, be). **74 Getty Images:** John Fedele (c). **79 Alamy Stock Photo:** Jim West (tc). **80 Getty Images:** SOPA Images (be). **82 Getty Images:** Ian O'Leary (ce). **83 Getty Images:** Emmanuel Dunand / AFP (be). **86 Getty Images:** Gilbert Stuart (c). **87 Getty Images:** (b). **90 Dillon's Distillers:** Insight Designs. **91 Alamy Stock Photo:** CorporateFocus (b). **92 Dorling Kindersley: Dreamstime.com:** Mcxas (b). **93 Courtesy Dry Fly Distilling:** (b). **94 Alamy Stock Photo:** Ian Dagnall Computing (ce). **95 Alamy Stock Photo:** dpa picture alliance (td). **Getty Images:** Portland Press Herald / Carl D. Walsh (be). **100 Alamy Stock Photo:** Helen Hotson. **102 The Whisky Exchange. 103 Alamy Stock Photo:** Heather Athey (be); Albert Knapp (bd); Iain Masterton (td). **104 The Whisky Exchange. 105 Alamy Stock Photo:** Helen Hotson (td); Scottish Viewpoint (ce). **106 Getty Images:** Gavin Hellier. **107 Getty Images:** (t); (b). **110 The Whisky Exchange. 111 Alamy Stock Photo:** David Burton (bc); Design Pics Inc (td). **112 The Whisky Exchange. 113 Alamy Stock Photo:** Stephen Saks Photography (bc). **Getty Images:** Momenet Open (td). **114 The Whisky Exchange. 115 Alamy Stock Photo:** Iain Masterton (bc). **Getty Images:** iStock / Getty Images Plus (td). **118 Getty Images. 119 Alamy Stock Photo:** Andrea Izzotti. **120 Getty Images:** Nigel Hicks. **122 The Whisky Exchange. 123 Alamy Stock Photo:** (bc). **Getty Images:** George Karbus Photography (td). **124 Alamy Stock Photo:** tofino. **125 Alamy Stock Photo:** David L. Moore - IRE. **128 Getty Images:** M Swiet Productions. **130 Getty Images:** iStock / Getty Images

Plus (bd). **131 Alamy Stock Photo:** Daniel Dempster Photography (bc). The Whisky Exchange. **132 Alamy Stock Photo:** Mira (td). **133 Alamy Stock Photo:** Peter Horree (tc). Master of Malt. The Whisky Exchange. **134** Master of Malt. **135 Alamy Stock Photo:** Scott Wilson (td). **Getty Images:** Bloomberg (bc). **136** Master of Malt. The Whisky Exchange. **137 Alamy Stock Photo:** Everett Collection Historical (bc); A. T. Willett (td). **139 Getty Images:** Matteo Colombo (t). **Tuthilltown Spirits:** (b). **142 The Whisky Exchange. 143 Alamy Stock Photo:** Arterra Picture Library (td). **Getty Images:** Roberto Machado Noa (be). **144 Alamy Stock Photo:** Leon Werdinger. **145 Courtesy Dry Fly Distilling. 146 Getty Images:** Matteo Colombo (c). **148 The Whisky Exchange. 149 Alamy Stock Photo:** Newscom (bc). **Getty Images:** DoctorEgg (td). **152 Getty Images:** David Lefranc. **153 Getty Images:** (e); South China Morning Post (d). **155 Getty Images:** Aman Chotani (td). John Distilleries P Ltd. (b). **156 The Whisky Exchange. 157 Alamy Stock Photo:** Sean Pavone (t). **Getty Images:** (b). **160 Alamy Stock Photo:** DPK-Photo. **163 Getty Images:** (b); (t). **164 The Whisky Exchange. 165 Archie Rose Distilling Co.:** (b). **Getty Images:** Richard Sharrocks (t). **166 Drayman's Brewery and Distillery:** (td). **The James Sedgwick Distillery:** (be). **167 Getty Images:** (t). **The James Sedgwick Distillery. 170 Getty Images:** Photos by R A Kearton. **173 Getty Images:** kodachrome25 (t). **Healeys Cyder:** (b). **177 Getty Images:** Kevin Boutwell (t). **Mackmyra Swedish Whisky Ltd. :** Simon Cederqvist, Johan Olsson (b). **179 Getty Images:** API (bd); Gina Pricope (be). **PUNI Whisky:** (td). **181 Dorling Kindersley:** Dreamstime.com / Elenaphotos (t). **Säntis Malt:** (b). **186 Getty Images:** Bloomberg (t). **187 Getty Images:** Mark Kolbe (b). **188 William Cadenhead Limited. 189 Gordon & MacPhail. 191 Getty Images:** Leon Harris. **192 Getty Images:** Matt Mawson / Corbis Documentary. **193 Getty Images:** Bloomberg. **195 123RF.com:** Jacek Nowak (t). **Getty Images:** Johanna Parkin (b). **197 Alamy Stock Photo:** Ron Sumners. **198 123RF.com:** Brent Hofacker. **201 123RF.com:** lightfieldstudios. **204 Alamy Stock Photo:** Oleksandr Sokurenko. **205 123RF.com:** a41cats (te). **Alamy Stock Photo:** Brent Hofacker (td); Lauren King (tc). **206 Getty Images:** Westend61. **207 123RF.com:** Brent Hofacker (te); Elena Veselova (tc); Brent Hofacker (td). **208 Getty Images:** Dmitriy Baranov. **210 123RF.com:** Kiryl Padabed.

Todas as outras imagens © Dorling Kindersley
Para mais informações, visite o site: www.dkimages.com

SOBRE O AUTOR

Eddie Ludlow se apaixonou pelo whisky trabalhando como assistente de vendas e motorista na Oddbins, uma rede de lojas de bebidas do Reino Unido, no final da década de 1990.

Atuou como embaixador das destilarias Ardbeg e Glenmorangie no Reino Unido de 2005 a 2007, e em 2008 fundou, com sua esposa, Amanda, o The Whisky Lounge. Sua missão é converter, entreter e instruir todos os interessados ou apaixonados pelo whisky.

Hoje, o Whisky Lounge recebe milhares de pessoas anualmente em todo o Reino Unido em suas degustações, festivais, escolas e outros eventos. Uma das figuras mais conhecidas do mundo do whisky no Reino Unido, Eddie Ludlow é um "Keeper of the Quaich", membro da Worshipful Company of Distillers e um dos jurados do International Wine & Spirit Competition (IWSC). Este é seu primeiro livro.

Para saber mais sobre Eddie Ludlow, siga o The Whisky Lounge no Facebook, Instagram e Twitter. Ou visite o site do The Whisky Lounge em: www.thewhiskylounge.com

AGRADECIMENTOS

O autor e a editora gostariam de agradecer às seguintes pessoas e organizações pela ajuda, orientações e produtos, sem os quais este livro não teria sido possível:

The Whisky Exchange (www.thewhiskyexchange.com), pela ajuda inestimável com as fotos de whisky. Master of Malt (www.masterofmalt.com), pela ajuda com amostras de whisky.

Pela ajuda com as amostras:
Amathus Drinks, Celtic Whisky Compagnie Diageo Plc, Edrington-Beam Suntory, Hellyers Road Distillery, Interbev Group, MPR Communications, Reservoir Distillery, Smarts Communicate, Speciality Brands Spirit Cartel, Story PR, Taylor Strategy.

Pelo apoio editorial:
Jamie Ambrose, Jürgen Deibel, Rona Skene, Marie Lorimer, pela indexação, John Friend, pela preparação do texto.

Pelas informações práticas e técnicas:
Forsyths, The Scotch Whisky Association, Canadian Whisky: The New Portable Expert – Davin de Kergommeaux, Andy Watts, Angus Macraild, Billy Abbot.

Eddie também gostaria de agradecer às seguintes pessoas por manter sua paixão acesa:

A equipe da Oddbins Newcastle do final dos anos 1990 – vocês sabem quem são!

Graeme "The Captain" Wright, Colin Dunn, Charles MacLean, Dr. Andrew Forrester, Dave Broom, Sukhinder Singh, Dr. Bill Lumsden, Douglas Murray, Ashok Chokalingam, o finado Dr. Jim Swan, Mickey Heads, Jackie Thompson, Doug McIvor, Graham Eunson, Dr. Nick Morgan, Dr. Ian Chang, Michael Morris, Joe Clark, Tim Forbes, Oliver Chilton, Helen Stewart, Julie Hamilton e a equipe de Glasgow, DC, Jonny McMillan, meus colegas jurados do IWSC, Allen Gibbons, todas as pessoas fantásticas da indústria do whisky com quem trabalhei ao longo do último ano que não consegui incluir neste livro, clientes e amigos do The Whisky Lounge, a equipe do The Whisky Lounge (por me aturar no ano passado), minha família (principalmente meu pai, pela ajuda com a gramática e pontuação!) e por fim…

… minha esposa e maior apoiadora, Amanda. Sem você nada disso teria sido possível.